HOW TO PRAY FOR THE RELEASE OF THE HOLY SPIRIT

성령의 임재를 구하는
기도

데니스 베넷 지음 / 박홍래 옮김

성령 세례가 무엇이며, 성령 세례를 받기 위해서 어떻게 기도해야 하는가?

서로사랑

How To Pray for the Release of the Holy spirit
Copyrights©1985 by Dennis Bennett
All rights reserved
Originally Published by Bridge-Logos
Korean translation Copyright©2004 by
Seorosarang Publishing

HOW TO PRAY
FOR THE RELEASE OF THE HOLY SPIRIT

차 례

소개의 글 · 7
1장 성령으로 세례를 받는다는 것은 무엇인가 · 17
2장 당신 먼저 · 27
3장 방언으로 말하기 · 35
4장 성령 세례를 받기 위한 준비 · 53
5장 두 개의 다른 영역들 · 63
6장 계속해 나가기 전에 · 73
7장 성령님을 자유롭게 해드리는 것을 어떻게 받을 것인가 · 77
8장 도울 사람들을 훈련시키기 · 89
9장 성령 세례를 위한 기도 · 97
10장 질문들과 문제들 · 103
11장 그 다음은 무엇인가? · 135
부록1 · 141
부록2 · 143

소개의 글

하나님은 흥미롭고 놀라운 분이시다. 그분을 아는 것이 우리 삶의 전부이다. 많은 사람들이 예수를 영접하고도, 자신들이 믿는 것에 아무런 흥미도 느끼지 못하고 있다. 이는 성령 하나님께서 그들 안에 계시지만 내면에만 갇혀 있기 때문이다. 성령께서 자유로워지면 사람들은 더욱 그분을 알게 되고, 그분으로 즐거워하게 될 것이다. 또한 하나님이 원하시는 일이 사람들을 통해 더욱 강력히 역사하게 된다.

사도행전의 1~2장에서 당신은 예수의 제자들이 성령을 받은 후 어떻게 변화되었는지를 읽을 수 있다. 이러한 일이 당신에게도 똑같이 일어날 수 있다. 당신도 초대 그리스도인들이 가졌던 동일한 능력과 기쁨을 받을 수 있고 그들만큼 하나님을 알 수 있을 것이다. 또한 성령의 열매와 은사들을 자유롭게 표현할 수 있게 된다. 하나님께서 당신을 통해 초자연적인 방법과 지혜, 지식, 치유와 기적들로 다른 사람들을 돕게 하실 것이고, 무엇보다 하나님께서 실재하시는 분이심을 보여주게 된다.

역사상 여러 교회들에서 수많은 사람들이 지난 35년뿐만 아니라, 그 이전부터 성령으로 세례를 받아왔기 때문에, 위대한 회복 운동이 전세계에서 일어났었다. 이 회복의 역사들은 성령을 자유롭게 함으로부터 온 것임을 기억해야 한다. 또한 사람들은 성령의 자유케 하심을 받고, 성령 안에서 자유로이 행하게 될 것이다.

당신이 예수를 영접하고 성령 세례를 받은 다음, 주님을 영접할 수 있도록 두 명의 사람들을 이끌어 주고, 성령께서 그들 안에서 자유롭게 역사할 수 있도록 해야 한다. 더 나아가 그 두 사람이 또 다른 두 사람에게 같은 방법으로 다가갈 수 있어야 하고, 또 다른 두 사람에게 다시 다가가는 과정이 반복되어야 한다. 이렇게 계속된다면 언젠가는 전세계에까지 이르게 될 것이다.

이러한 모습이 복음을 전하는 것에 있어서 예수께서 기대하신 방법이다. 하지만 사람들이 성령으로 세례를 받고 성령이 자유롭게 되기 전까지는 이루어질 수 없는 일이다. 따라서 자신 안의 성령을 자유롭게 하고 또한 다른 사람들이 그렇게 되도록 돕는 것은 매우 중요한 일이다.

신약 성경에서 성령 세례를 구하고도 받지 못한 사람은 아무도 없었다

신약 시대에 성령을 구하고도, 받지 못한 사람은 한 사람도 없었다. 그것은 자신뿐만 아니라 다른 사람을 위해 구할 때, 받지 못할 이유가 없다는 것을 의미한다. 나는 이삼십 명, 심지어 백 명 정도의 사람들이 한꺼번에 오순절에 임하였던 동일한 모습으로 성령을 받는 것을 목격했다. 만일 당신이 사람들로 그들이 구하는 것이 어떠한 것인지를 깨닫게 하고, 합당한 모습으로 준비시킨다면, 당신도 충분히 사람들로 성령세례를 받게 할 수 있다.

지침서

이 책은 지침서이다. 내가 1959년에 성령의 세례를 받은 후, 내 삶의 상당 부분은 성령 세례에 대해 사람들을 가르치고 그들을 위해 기도하는 일에 사용되었다. 21년 동안 나는 시애틀에 있는 성 누가 감리교회의 담임목사로 사역했다. 이 교회는 '역사상' 처음으로 성령의 자유케 하심을 받아야 한다고 공개적으로 사람들에게 강력하게 권한 곳이다. 지난 25년 동안(1985년까지) 적어도 25,000명의 사람들을 준비시키고 기도했다. 나는 이 일을 어떻게 해야 하는 지에 대해 이 책을 통해 보여주려고 애써 왔다. 나는 이 책이 당신을 돕고, 또한 당신이 다른 사람들을 돕게 되길 바란다.

다른 사람들을 준비시키는 것이 중요하다

사람들은 성령을 자유롭게 해드리는 것이 어렵다는 사실을 발견하게 될 것이다. 왜냐하면 그것이 정확히 어떠한 것인지 모르고, 그 후에 어떤 일이 벌어질지도 모르기 때문이다. 그러므로 준비되지 않은 사람들 위에 손을 얹고 기도함으로, 시험에 들게 하는 우를 범하지 말라. 교회에서 자신들에게 손을 얹고 기도해주기를 바라며, 희망의 눈으로 바라보는 사람들에게 영향을 받지 말라! 강단에서 성령을 달라며 하나님과 씨름하고 있는 20명 가량의 사람들로 인하여 압력을 받지도 말라!

아무런 준비도 되지 않은 사람들에게 손을 얹고 기도한 후, 아무런 일도 일어나지 않는다면, 많은 사람들이 실망을 안고 집으로 돌아가서 분명 자신들에게 어떤 문제가 있다고 느낄 것이다. 왜냐하면 자신들이 하나님으로부터 거절당했다고 생각하게 될 것이기 때문이다. 그러한 일들이 서너 번을 반복된다 해도 결과는 마찬가지일 것이다. 어떤 사람들은

2~30년 동안이나 성령을 구했음에도, 심지어 역사적인 오순절 교회에서 조차도, 성령을 받지 못하고 종종 성령 받는 것을 단념해 버리는 경우도 있었다. 불행히, 이러한 일들은 사람들로 성령 세례가 모든 사람들을 위한 것은 아니라고 생각하게 만들었다. 준비시키지 않고 기도하여 이러한 잘못된 생각이 퍼져나가는 것을 돕지 말라.

디모데전서 5장 22절에서 누구에게든지 갑자기 손을 얹고 기도하지 말라고 우리에게 이야기하고 있다. 장로들을 임명하는 데 우선적으로 적용되는 것이기도 하지만, 분명히 성령 세례를 위한 기도에도 적용될 수 있는 부분이다. 어떤 사람들은 예수님을 모르는 가운데서도 성령을 구하러 온다. 사람들은 자신이 가지고 있는 잘못된 믿음과 태도를 버려야만 한다. 만일 준비되지 않은 상태에서, 성령 받기 위해 기도한다면 분명 그들은 엄청난 혼란에 빠지게 될 것이다. 그러므로 준비되지 않은 사람들과 함께 하여 시간을 낭비하지 말라.

그들을 잘 준비시키면, 대부분은 쉽게 성령을 받을 것이다. 이를 위하여 성령을 구하는 사람들을 초대해서, 편하게 앉아서 긴장을 풀고 이야기를 듣게 하라.

당신 자신을 준비하는 것이 중요하다

자신이 더욱 잘 준비하면 할수록, 다른 사람들을 더욱 효과적으로 도울 수 있다. 먼저 스스로 성경을 잘 알아야 하고, 특히 성령의 사역에 대해 잘 알고 있어야 한다. 또한 이 주제에 관해 기록된 책들을 읽으라.

특히 「성령과 당신」(The Holy Spirit and You, 브릿지 로고스 출판)을 주의 깊게 읽기 바란다. 이 책은 성령 세례가 정확히 어떤 것이고, 성령을 받기 위해 어떤 준비를 해야 하며, 어떻게 받아야 하는지를 자세히 소개하고 있다. 이 책은 또한 성령의 은사와 열매가 무엇이며, 어떻게 하면 우리가 경험할 수 있는지를 자세히 기록하고 있다. 내 아내 리타와 내가 1971년에 이 책을 완성하였다.

또한 「인간의 삼위 일체」(Trinity of Man)를 읽기를 권한다. 이 책은 우리 존재 안에 있는 세 영역(영, 혼, 육)에 관해 설명하며 이 세 영역이 어떻게 서로 연관되어 있으며, 각각 어떻게 예수님을 통해 고침을 받을 수 있는 지를 설명해 주고 있다. 이 책은 이야기와 도표를 이용해 구원이 무엇이고, 성령의 세례가 무엇인지를 보여줄 것이다. 읽기 쉬운 이 책은 당신이 다른 사람들을 가르치는 데 큰 도움을 줄 것이다.

세례인가 풀어놓는 것인가(Baptism or Releasing)

당신이 이 책 제목과 내용에서 내가 '성령의 세례(baptism of the Holy Spirit)'라는 말이 들어가야 할 자리에 '성령을 자유롭게 해드림(release of the Holy Spirit)'이란 말을 사용한 사실을 알게 될 것이다.

그것은 내가 오순절 교단에서 사용하는 '성령 세례'라는 말이 잘못되었다고 생각하기 때문이 아니다. 오히려 이 말은 예수께서 사도행전 1장 5절에 사용하신 표현이고, 아버지 하나님께서도 친히 이 표현을 사용하셨으며(요 1:33), 세례 요한(마 3:11; 막 1:8; 눅 3:16), 베드로(행 11:16), 그 외 많은 신약의 저자들이 사용했다. 하지만 이 표현은 종종 사람들로 화나게 할 만큼 혼란스럽게 만드는데 그것은 우리가 예수님을 구주로 영접한 후에도 여전히 성령을 받아야 한다고 주장하고 있다고 생각하기 때문이다. 그러나 분명히 하고 싶은 것은 나는 성령께서 이미 모든 그리스도인 안에 거하고 계시다고 믿는다는 사실이다. 하지만 성령께서 자신들 안에 거하시지만, 또한 그분을 자유롭게 함으로 그분의 사랑과 능력을 완성하시도록 해드려야 한다는 사실을 받아들여야만 한다.

또한, '성령 안에서의 세례(baptism in the Spirit)'는 루터교도들이나, 감리교도들, 로마 가톨릭, 동방 정교회, 혹은 그리스도의 교회와 같이 전통 성례 의식을 행하는 교회들 안에서 문제를 일으킬 수도 있다. 이들은 모두 외적으로 행하는 물 세례를 너무 강조하기 때문에 사람들에게 또 다른 세례를 받으라고 하는 것을 이해하지 못한다.(이러한 내용들과 '세례(baptism)'라는 단어의 뜻에 대해서 1장에 기록하고 있다.) 나는 사람들이 이 책을 다 읽기도 전에 덮어버리기를 원치 않는다. 나는 독자들이 내가 진정으로 이야기하고 있는 내용을 발견하길 원한다. 이것이 내가 '성령을 자유롭게 해드림'이라는 표현을 사용한 이유이다.

사실, 신약에는 성령으로 혹은 성령 안에서 세례를 받는 것을 지칭하는 다양한 이름들이 있다. (헬라어에 신약 성경에서 사용한 'en'은 안에서, 혹은 '함께'라는 말을 모두 포함하고 있다.) 성령을 풀어놓다, 성령이 흘러 넘친다, 성령으로 사로잡히다와 같은 표현이 그것이다. 한편, 누군가 성령으로 세례를 받았을 때 그것을 '성령이 충만하다'라는 표현을 쓰는 것은 좋지 않다고 생각한다. 구약의 많은 사람들이 성령의 세례 없이 하나님의 영의 충만함을 받았다. 우리가 성경에서 읽는 오순절의 성령 충만한 사건보다 훨씬 전의 일이다. 세례 요한이 그 한 예이고, 그보다 훨씬 전 구약 사람들에게도 그러한 내용들이 있다. 성령 안에서 세례를 받는 것은 내적인 부으심이 아니라 외적인 부으심이다. 만일 이 사실을 이해하기 힘들다면 1장에 세례라는 말의 뜻을 주의 깊게 읽어보기 바란다.

이 책의 형태

대부분 이 책을 통해 전달하는 내용들은 한 그룹의 사람들을 가르칠 때 사용하는 전형적인 화법들을 사용하며, 마치 사람들에게 이야기 하는 것 같이 기록하고 있다. 물론 내가 사용하는 단어들을 정확히 채용하여 사용할 필요는 없다. 하지만 당신이 따라야 할 일련의 형태들은 있다. 그것들과 친숙해지라, 그런 다음 주님께서 당신을 이끄시도록 하라. 이곳에서 제시하는 것보다 사용할 수 있는 훨씬 많은 소재들이 있기 마련이다. 왜냐하면 나는 기본적인 내용들에 충실하려고 했기 때문이다. 그것을 숙지하고 난 다음 성령님께서 무엇을 얼마만큼 사용해야 하는지를 이끄시도록 하라.

어쩌면 당신은 이 책을 연속적인 강의의 교재로 사용하길 원할 수도 있다. 만일 그렇다면 더 많은 자료들로 더욱 자세하게 진행해 나가도록 하라.

때때로 나는 당신에게 직접 이야기를 할 것이다. 내가 당신에게 이야기 하는 부분은 (그것이 따로 분리된 부분이나 별도의 장이 아니라면) 각 괄호([ ])로 분리 시킬 것이다.

만일 당신이 자신을 위해 기도하고 있다면

만일 당신 자신이 성령의 자유롭게 하심을 받기 위해 기도하고 있다면, 내가 그룹들에게 제시하고 있는 내용들을 혼자서 하기 바란다.

연속적인 가르침을 위해 이 책을 사용할 때

매주 열리는 기본 과정의 수업 내용으로 이 책을 사용할 수도 있다. 그러한 목적이라면 다음과 같이 5시간으로 나눌 수 있다.

1. "성령 세례란 무엇인가?" 1장과 2장 : 3위 일체의 3위.
2. "방언으로 말함" 3장 : 방언으로 말하는 것이 무엇이며, 왜 중요한가?
3. "어떻게 준비할 것인가" 4장과 5장 : 예수님을 영접함과 죄 사함, 잘못된 태도를 하나님께서 다루시도록 하게 함. 이단과 신비주의에 관련된 것을 끊음.
4. "성령 세례를 어떻게 받는가?" 6~9장 : 성령 안에서 세례 받음을 위한 기도.
5. "그 다음은 어떻게 할 것인가?" : 사람들로 성령 안에서 그들의 삶을 계속 하도록 돕는 추가적인 내용.

물론 당신이 원하는 방법으로 나누고, 몇 주 간 동안 진행할지를 자유롭게 결정할 수 있다.

만일 위의 계획들을 따른다면, 수업이 진행되는 동안 집에서 「성령님과 당신」(The Holy Spirit and You)을 공부하며 읽을 수 있도록 하기 바란다. 또한 「성령님과 당신 : 보충교재」(Holy Spirit and You Supplement)를 사용할 수도 있다.

사용 된 성경

다른 언급이 없는 한, 인용된 내용은 흠정역(King James Version)의 내용을 인용한 것이다. 그 외 사용된 번역은 다음과 같다.

TLB, The Living Bible

RSV. Revised Standard Version

JB, Jerusalem Bible

LG, Literal Greek

AP, Author's paraphrase from the Greek

BE, Basic English Version

1장
성령으로 세례를 받는다는 것은 무엇인가

WHAT THE BAPTISM WITH THE HOLY SPIRIT IS

아마도 당신은 성령으로 세례 받는 것에 대해 그저 들어보기만 했거나, 아니면 다른 사람에게 물어본 적이 있을 것이다. 또한 당신에게 아무 일도 일어나지 않음으로 인해 실망 했을지도 모른다. 하지만 당신이 정말 모르는 것은 '무슨 일이 일어나게 될 것인가' 이다. 당신이 찾는 것이 무엇인지를 확실하게 알게 될수록, 더욱 쉽게 그것을 찾게 될 것이다.

'세례' 란 단어 자체가 당신을 혼란스럽게 할 것이다. 주로 세례란 단어는 물로 주는 세례 의식을 표현하는 데 사용된다. 예수를 구주로 영접하고 죄 사함을 받고 하나님의 가족에 참여하게 된 표시로 사람들을 물 속에 잠기게 하거나, 물을 뿌리고 또는 머리 위에 붓는다. 하지만 "성령으로 세례를 받는다"라는 말은 좀더 확장된 개념으로 사용된다.

'세례'란 무슨 뜻인가

'세례를 베풀다' 라는 말인 'baptize' 라는 단어는 헬라어인 baptizo(뱁티조)라는 말에서 온 것으로 그 뜻은 어떤 것이나, 어떤 사람을 압도하다, 뒤덮다라는 뜻이다. 고대 헬라어에서 침몰한 배가 바다 밑에 가라앉아 물에 완전히 잠겨 버리는 상태를 'baptized' (세례 받았다) 라고 불렀다.

또한 어떤 사람이 '세례 받았다' 라고 할 때 그것은 누군가, 혹은 어떤 사물에 의해 완전히 장악되어 동일시 될 때를 말한다. 바울은 고린도전서 10장 2절에서 이런 뜻으로 이 단어를 사용했다. 이스라엘 백성이 '모세에게 세례를 받았다' 라고 했을 때 그것은 이스라엘 백성이 모세를 자신들의 지도자로 완전히 인정하고 복종했다는 것을 뜻하는 것이었다.

인간은 영과, 혼과 육으로 이루어져 있다. 혼은 정신적인 부분이고 몸은 물리적인 영역이다. 인간의 영은 하나님을 닮은 부분이기 때문에(그분의 형상을 따라), 하나님과 일대일의 관계를 가질 수 있다. 하지만 인간이 처음부터 하나님을 거절한 것으로 인해 당신의 영은 하나님으로부터 분리된 상태로 태어났다. 그러한 이유로 예수께서 요한복음 3장 3절에 거듭나야 한다고 말씀하신 것이다. 또한 하나님에 대해 다시 살아나야만 한다.

이 거듭남은 당신이 예수님을 당신의 삶으로 영접할 때 일어나는 일이다. 당신이 예수님을 영접하고, 죄를 비롯해서 우리를 하나님으로부터 분리시키는 모든 것들과 그러한 인간 관계들이 제거되면 하나님께서 우리 안에 들어오셔서 거하시게 된다. 하나님의 영이 우리의 영과 연합하게 되고 당신은 '새로운 피조물' 이 된다. 하나님의 영이 완전하게 당신의 영에게 세례를 주고 그 영을 뒤덮어 버리게 된다. 바울은 "주와 합하는 자는 한 영이니라" 라고 이야기하고 있다(고전 6:17).

이 사건이야말로 당신의 생애 일어날 가장 중요한 사건이다. 이것이 가장 기본적으로 일어나는 세례이고 물세례는 외적인 표시일 뿐이다.

우리 친구 중 하나가 이런 글을 썼다.

한 작은 숟가락으로 차에 설탕을 넣어보십시오,
이것이 예수님께서 그분 자신을 우리 안에 두신 것과 똑같은 일입니다.
이제 차 안에서 설탕을 꺼낼 수 없는 것과 같이 당신 안에 계신 예수님을 당신 밖으로 다시 꺼낼 수 없습니다!

왜 또 다른 세례가 필요한가?

사람들은 다음과 같이 이야기한다. "나는 예수의 이름으로 세례를 받았는데 왜 또 다른 세례를 받아야만 하는 거죠? 바울은 분명 주님도 한 분이시고, 믿음도 하나요, 세례도 하나(엡 4:5)라고 했는데요."

하지만 예수님께서 이 두 번째 세례에 대해 말씀하셨다. 그분은 "요한은 물로 세례를 베풀었으나 너희는 몇 날이 못되어 성령으로 세례를 받으리라"(행 1:5)라고 말씀하셨다.

사실 세례는 하나이며 또한 우리가 이야기하고 있는 세례도 한 가지다. 그것은 내적인 세례로 우리가 예수님을 영접할 때 이루어지는 것이며 성령께서 우리로 그리스도 안에서 새롭게 태어나게 하시고 하나님께서 우리 안에 거하시게 된다. 이것이 모든 것을 가능하게 한다. 다양한 많은 그리스도인들이 이 첫 번째 일어나는 사건을 여러 가지 이름으로 부른다. 어떤 사람들은 이것을 거듭남이라고 하고 또 다른 사람은 회심이라고 하지만 사실 이것은 '거듭남'을 좀더 거창하게 표현한 것이다. 다른 사람들은 '구원받는다, 혹은 구속 받다, 개종하다' 라는 등의 표현을 사용하기도 한다.

하지만 이 하나인 세례에는 두 가지 영역이 있다. 첫 번째 영역은 성령께서 우리 안에 들어오셔서 사시는 사건이다. 두 번째 영역에서 성령께서 당신의 영 안에서 흘러 넘쳐 당신의 다른 나머지 영역들인 혼과 육을 압도하고, 완전히 뒤덮고, 적시어 제압한 후 당신 밖으로 넘쳐 나와서 당신 주위를 둘러싸고 있는 세상까지 이르게 된다. 이 부분이 바로 성령 세례이다.

예수께서 사마리아 우물가의 여인과 말씀을 나누시며, "네가 만일 네게 물 좀 달라 하는 이가 누구인줄 알았더면 네가 그에게 구하였을 것이요 그가 생수를 네게 주었으리라. 내가 주는 물을 먹는 자는 영원히 목마르지 아니하리라"라고 말씀하셨다. 그런 다음 예수께서는 다음과 같이 덧붙이셨다. "내가 주는 물을 먹는 자는 영원히 목마르지 아니하리니 나의 주는 물은 그 속에서 영생하도록 솟아나는 샘물이 되리라"(요 4:14).

또 다른 상황에서 예수께서는 이렇게 말씀하셨다. "누구든지 목마르거든 내게 와서 마시라." 하지만 예수께서는 여기서 끝내지 않으셨다. 그분께서는 계속해서 말씀하셨다. "나를 믿는 자는 성경에 이름과 같이 그 배에서 생수의 강이 흘러나리라." 그 다음 절은 이렇게 설명하고 있다. "이는 그를 믿는 자의 받을 성령을 가리켜 말씀하신 것이라(예수께서 아직 영광을 받지 못하신 고로 성령이 아직 저희에게 계시지 아니하시더라)"(요 7:37~39).

안에서 밖으로 흘러 넘침 : 성령이 자유롭게 됨

위의 두 가지 상황 모두에서 예수께서는 먼저 성령이 우리 안에서 들어오신 후 밖으로 흘러 넘칠 것에 대해 말씀하신 것을 깨달을 수 있다. 성령께서 우리 안으로 들어오시는 것은 구원이고, 세례의 첫 번째 반쪽 부분이다. 또한 성령 세례로 성령이 밖으로 흘러 넘치는 것은 세례의 두 번째 반쪽 부분이다. 첫 번째 반쪽에서 당신이 예수님을 영접하면, 성령께서 안으로 들어오시게 된다. 세례 받고, 생수로 젖어, 잠기게 되고, 당신의 영을 장악하며, 이로 인해 새로운 삶을 가져다 주게 된다.

세례의 두 번째 반쪽은 당신의 영 안에 사시는 성령께서 당신의 영과 육에 세례 주시고, 적시고, 완전히 잠기고, 장악하시기 위해 흘러 넘치게 되고(이것은 당신의 의지, 감정, 지성과 잠재의식과 같은 정신적인 영역까지 포함한다), 또한 주 예수 안에서 그분과 함께 새 생명과 자유, 기쁨을 누리게 된다. 그런 다음 성령께서는 당신으로부터 흘러 넘쳐 세상에 사랑과 평안, 기쁨을 주시고 사람들을 치유하실 수 있게 된다.

성령님을 당신 안으로 모셔드리려고 하지 않아도 된다. 하나님께서 이미 당신 안에 두신 것을 누군가, 혹은 무언가를 통해 보내달라고 하지 않아도 된다. 사람들은 오랫동안 성령 세례를 받기 위해 몸부림쳐왔다. 하나님께서 그들에게 하늘로부터 성령을 내려 주시길 원했기 때문이다. 하지만 당신이 예수를 영접했다면, 하나님께서는 성령을 당신에게 주시지 못하신다. 이유는 너무도 간단하다. 이미 당신에게 성령을 주셨기 때문이다! 당신이 예수님을 당신의 삶으로 모셔드렸을 때 이미 성령님을 주셨다(요 1:12~13; 행 2:38). 예수님은 말씀하셨다. "예수께서 대답하여 가라사대 사람이 나를 사랑하면 내 말을 지키리니 내 아버지께서 저를 사랑하실 것이요 우리가 저에게 와서 거처를 저와 함께 하리라"(요 14:23). 예수께서는 또한 이렇게 말씀하셨다. "내가 아버지께 구하겠으니 그가 또 다른 보혜사(성령)를 너희에게 주사 영원토록 너희와 함께 있게 하시리니"(요 14:16).

이 말씀들에 따르면, 만일 예수를 영접했다면 성부, 성자, 성령께서 이미 당신 안에 계시기 때문에 하늘에서 다른 누군가가 내려올 것을 기대하지 말아야 하는 것은 너무도 당연한 일이다. 그분은 이미 와 계신다! 당신에게 뭔가 잘못이 있다거나 하나님이 어떤 이유에서든 당신에게 성령 주시기를 거절하신다는 생각으로 자신을 낙심시키지 말기 바란다. 당신에게 필요한 것은 당신에게 성령이 임하는 것이 아니라 성령께서 흘러 넘치게 하는 것이다.

거룩에 대한 대가가 아니다

유명한 한 찬송가의 한 구절은 이렇게 노래하고 있다.

내 주님과 나는 너무도 친밀하여,
그분께서는 내게 성령으로 세례를 주신다.

재미있는 노래이다. 하지만 이 노래는 우리가 성령 세례를 받기 위해 하나님께서 들어오셔서 거하실 수 있는 합당한 그릇이 되어야 한다는 일반적인 생각을 보여주고 있다. 아마도 당신은 성령 세례가 선함에 대한 대가이고, 특별히 거룩한 것에 대한 표시이며, 성령님이 당신 안으로 오시는 것을 기대하려면 자신을 거룩하게 해야 한다고 배웠을 것이다. 하지만 성령님 한 분만이 당신을 거룩하게 하실 수 있는 분이시기 때문에 성령을 받기 위해 거룩해 진다는 것은 마치 학교를 가기 위해 충분히 교육을 받아야 한다거나 목욕을 하기 전에 자신을 깨끗하게 하라는 말과 같은 뜻이 되고 만다. 만일 깨끗한 사람만이 목욕을 할 수 있다면, 모든 사람이 분명 더럽다는 말이 될 것이다!

거룩하게 된다는 것은 온전하고 건강하게 된다는 것을 말한다. 이 세 단어들은 같은 어원에서 나왔다. 거룩은 온전하시고 건강하신 예수님을 더욱 닮아간다는 뜻이다. 성령님은 당신을 거룩하게 만들기를 원하시며, 그분이 이미 들어와 계신 당신 안으로부터 그 일을 하실 것이다. 성령께서 당신의 영 안으로 들어오셨을 때, 이미 당신의 영을 건강하고 거룩하게 만드셨다. 당신이 예수를 영접했다면, 이미 당신의 영은 하나님과 교통하고 있는 것이고 그것은 거룩하다는 뜻이다. 그렇지 않다면 하나님께서 우리 안에 거하실 수 없기 때문이다. 사도 바울은 당신이 예수 그리스도께서 계신 하늘에 함께 앉게 될 때(엡 2:6), 예수께서 당신의 영에게 말씀하실 것이라고 이야기하고 있다. 지금은 당신의 감정이 어쩌면 그렇게 느끼지 않을 수도 있다. 하지만 당신의 영은 항상 하나님과 교통하고 있다. 문제는 당신이 당신의 영을 항상 느끼지 못한다는 것이다! 그것은 당신이 혼(지성, 의지와 감정)에 의지하고 그것들이 당신을 이끌도록 신뢰하는 습관이 들어있기 때문이다. 그렇다면 당신의 영은 너무도 상처를 입었기 때문에 치료가 필요하다. 혼이 치료되면, 당신은 당신의 영과 당신 안에 살고 계시는 성령님께 좀더 쉽게 반응할 수 있게 될 것이다.

[당신이 인도하고 있는 모든 사람들이 예수를 영접했는지, 성령께서 그들 안에 계신지를 확인하기 전까지는 더 이상 진행하지 말라. 그들이 성령님을 그들 안에 모셔들이기 위해 기도하고 있지 않은지 성령님을 자유롭게 해드려서 흘러 넘치도록 하기 위해 기도하고 있는지 확인하라.]

2장
당신 먼저!

YOU FIRST

성령님은 한 인격을 가지신 분이시다

성령님은 영화 스타워즈에 나오는 '포스(Force: 절대 힘)'와 같은 분이 아니시다. 당신 또한 그분을 마치 휘발유나 전기 같은 것처럼 생각하거나 말해서도 안 된다. "성령을 더 받기 원해"라는 식으로 말하지 않도록 하라. 성령님은 한 분이시기 때문에 그분은 덜, 혹은 더 많이 받을 수는 없다. 그분은 더해 질 수 없는 분이시다.

만일 내가, "존 잭슨이 집에 있다고 들었는데요"라고 했을 때, 당신이 내게 "글쎄요, 존의 일부는 거기 있죠. 일부는 어제 도착했고 내일 조금 더 도착할 거에요. 다음 주에는 나머지 부분 모두가 도착했으면 좋겠네요"라고 말한다면 나는 분명 당신의 친구인 존이 굉장히 이상한 모습일 거라고 생각할 것이다. 우리는 사람에 대해 그렇게 이야기하지 않는다. 왜냐하면 인간은 인격적인 존재이지 비인격적인 물질이나 물리적인 에너지가 아니기 때문이다. 그런 힘이나 물질들은 한 갤런의 휘발유나 1킬로와트의 전기처럼 양적인 개념으로 이야기할 수 있다. 하지만 만일 한 개인이 당신의 집에 있다면 그의 전부가 거기 있는 것이다. (적어도 그/그녀가 당신 집 문의 중간에 서 있는 동안만 빼고는 그렇다.)

성령님도 마찬가지이다. 그분이 한 분의 인격이라는 이 말은 성령님도 '나'라고 말씀하실 수 있는 것을 의미한다. 물론 그분께서는 인간이 아닌 신적인 존재이시다. 그렇기 때문에 "나는 성령을 조금 얻었어, 그리고 더 얻고 싶어"라고 말해서는 안 된다. 만일 하나님께서 그분의 성령을 주셨다면, 이미 주신 것이고, 그분 전부가 당신 안에 거하고 계신 것이다.

당신의 친구인 존이 당신 집에 있고 존을 거실에 앉아 있게 했다고 해보자. 설거지 안 된 접시들 때문에 주방에 존을 들이길 원치 않을 것이다. 정리되지 않은 침대로 인해 침실에도 들여보내고 싶어하지 않을 것이고, 지난밤에 아이들이 엉망으로 만들어 놓은 지하 오락실에도 들여보내려고 하지 않을 것이다. "당신 집에 존이 얼마나 많이 있습니까?"라고 물어보는 것은 이상할지 몰라도 "당신 집의 얼마나 많은 곳에 존이 있습니까?"라는 질문은 뜻이 통할 것이다. 이 말은 "당신 집 안의 얼마나 많은 곳에 존이 들어갈 수 있습니까?"라는 말이다. 이와 같이, "당신은 성령님을 얼마나 많이 가지고 있습니까?"라고 하는 말은 옳지 않은 질문이지만, "당신 안의 얼마나 많은 곳에 성령께서 계십니까? 당신의 삶이라는 집에 얼마나 많은 부분을 성령님께 내어 드리셨습니까?"라고는 물어볼 수 있다.

몇 년 전, 큰 아들이 이런 이야기를 한 적이 있다. "아빠, 어젯밤에 이상한 꿈을 꾸었어요. 꿈에 저는 하나님을 제 방 벽장에 가둬두고 있었어요. 그런데 하나님께서 문을 통해 이렇게 소리치시는 거에요, '나를 언제 여기서 나가게 해줄 작정이니?'"

성령으로 세례를 받는 것은 하나님으로 우리 안에 들어오시게 하는 것이 아니다. 그분을 당신 집의 나머지 영역으로 나오게 하는 것이다.

그곳은 당신의 혼(soul)과 육(body)을 말한다. 당신은 그분께 이렇게 말씀 드려야만 한다. "이제 주님의 집입니다. 편안히 계시도록 하세요."

성령님을 당신의 정신 세계로 나오게 할 때 그분은 당신의 지성(생각들), 감정(느낌들), 그리고 의지(동기들과 소망들)에 세례를 주신다. 그분을 당신의 육체적인 영역까지 나오시게 하면 그분은 당신에게 건강과 힘, 뿐만 아니라 당신을 젊은 상태로 유지시켜 주신다. 이 모든 것들이 이론적인 것들이 아니다. 정말로 일어나는 일들이다. 성령 안에서 세례를 받은 후 당신은 새로운 방식으로 생각하고, 느끼고 있는 자신을 발견하게 되고, 새로운 행복과 열망으로 하나님께서 원하시는 일들을 진심으로 하기를 원하게 된다. 체력 또한 증진되고 새로워진 육체적 안녕을 깨닫게 될 것이다.

때로는 성령께서 당신의 육체 안에서 몸을 건강하게 만들어 주시는 것을 느끼게 될 것이다. 그러한 일들이 일어나면 그것을 즐기라. 하지만 그것에 의지하지는 말라. 어떠한 것들을 분별하는 일에 육체적인 느낌들을 이용하는 것을 조심하라. 분별하는 은사는 다른 성령의 은사들과 같이 당신의 영에서 나오는 것이다. 그것이 당신의 혼과 몸을 만질 수도 있고 육체적인 느낌들을 가져다 줄 수 있다. 하지만 그러한 육체적인 느낌들을 가지고 무엇이 진짜인지 아닌지, 혹은 누군가의 가르침이 옳은지를 판단하는 일은 매우 조심해야만 한다. 무엇보다 하나님께서 당신이 하기 원하는 것을 함에 있어서 그러한 느낌들을 절대 기다리지 말라. 당신이 어떻게 느끼든지 하나님께서는 당신을 통해 일하실 수 있다.

당신 먼저!

주목해야 할 것은 하나님께서 당신의 영으로부터 혼과 육체에까지 흘러 넘치시게 할 때, 먼저 축복을 받게 되는 것은 당신 자신이다. 아마도 지금까지 당신은 먼저 다른 사람들이 하나님으로부터 오는 온갖 좋은 것들을 먼저 받고, 혹 남은 것이 있으면 당신 자신에게 돌아갈 것이라고 들었을 것이다. 만일 성경적인 순서는 하나님께서 당신을 먼저 축복하시고 그런 다음 당신을 통해 다른 사람들을 축복하신다는 사실을 깨닫게 되면 놀랄 것이다.

이 내용이 성경의 시작 부분에서 하나님께서 아브라함에게 하신 말씀이었다. 하나님께서는 "내가 너를 축복할 것이고, 너를 복의 근원으로 삼을 것이니, 너의 자손을 통해 이 땅의 모든 족속이 복을 받을 것이라"(창 12:2~3, 22:17, 18, 26:3~4, 28:13~14을 보라)라고 말씀하셨다. 당신 자신이 먼저 복을 받기 전에는 절대 다른 사람들에게 하나님께서 주시는 복에 대한 흥미를 끌게 하지 못한다. 당신 안에 있는 하나님의 평안과 사랑, 기쁨을 사람들이 보게 될 때 그들 또한 그것을 갖기를 원하게 된다. 당신이 하나님의 축복을 받기 원하는 것으로 인해 원수들이 당신을 이기적이라고 조롱하지 못하게 하라.

당신과 성령님의 관계를 설명하기 위해 정원에 물을 주는 데 사용하는 호스가 고리에 걸려 있는 비유를 들 수 있다. 많은 비가 내렸고, 정원에는 오랫동안 물을 주지 않아도 된다. 정원에 많은 수분이 있지만 이 불쌍한 호스는 마르고 내부는 더럽다. 수도관에 연결은 되어 있지만 수도꼭지는 잠겨 있다.

자, 이제 건기가 왔다고 해보자. 당신은 정원에 물을 주어야만 한다. 수도꼭지를 틀면 어떤 일이 벌어지는가? 물은 먼저 호스를 가득 채운다. 호스가 물로 가득 차기 전까지는 정원에 물을 줄 수 없다. 그렇기 때문에 먼저 호스가 활력을 얻고 기운을 얻어야만 그 호스를 통해 물이 터져

나와 정원을 적실 수 있게 된다. 똑같은 원리로, 하나님께서는 당신을 통해 다른 사람들을 축복하기 원하신다. 하지만 그러기 위해 하나님은 먼저 당신을 채우시고 축복하기 원하신다.

3장
방언으로 말하기

SPEAKING IN TONGUES

음성은 주된 통로이다

성령 세례가 밖으로 흘러 넘치는 것이기 때문에, 뭔가 특별한 말을 사용하게 되는 것은 놀라운 일이 아니다. 왜냐하면 당신이 사용하는 음성은 하나님과 당신을 둘러싸고 있는 세상에 자신의 모든 것을 드러내는 주된 통로이기 때문이다. 말을 통해 자신의 생각을 다른 사람들에게 전달하는 이 놀라운 능력은 인간으로 하여금 지구상의 다른 동물들과 구별되게 하는 탁월한 능력이다. 만일 인간 외에 다른 생명체가 영화 ET에서 나오는 이상한 모습으로 말을 할 수 있는 것이 발견된다면, 우리는 그것을 동물이 아닌 인간으로 취급할 것이다.

말이란 강력한 것이다. 어떤 것을 말로 표현한다는 것은 그것을 실재로 만드는 것이다. 어느 정도의 규모로 이야기하느냐에 따라 자신이 어떤 사람인지가 결정된다. 창조 이야기에서 만물이 만들어진 것은 하나님의 말씀을 통해서이다. 하나님께서, "빛이 있으라"고 말씀하시자 빛이 생겨났다. 시편 8편 2절은, "주의 대적을 인하여 어린아이와 젖먹이의 입으로 말미암아 권능을 세우심이여 이는 원수와 보수자로 잠잠케 하려 하심이니이다"라고 말씀하고 있다. 잠언 18장 21절에는 "죽고 사는 것이 혀의 권세에 달렸나니…"라고 말씀하고 있다.

예수께서는 우리가 만일 이 산으로 "움직여라!"라고 명하면 그대로 될 것이라고 말씀하셨다. 우리는 우리가 말한 것을 얻게 된다. 심지어 구원마저도 말을 함으로 얻어진다. 우리는 주 예수님을 "우리의 입으로 시인하여"야 하고 그것은 예수님을 믿는다고 입으로 말해야 한다는 뜻이다. "입으로 시인하여 구원에 이르느니라"(롬 10:10). ('고백'이라고 번역된 헬라어는 사실 '같은 말을 하다' 라는 뜻이다.)

하지만 우리는 이 말의 능력을 잘못 사용해 왔다. 야고보는 이렇게 말하고 있다. "혀는 곧 불이요 불의의 세계라 혀는 우리 지체 중에서 온 몸을 더럽히고 생의 바퀴를 불사르나니 그 사르는 것이 지옥 불에서 나느니라"(약 3:6). 기억하라. 야고보는 믿지 않는 이들에게 이 말을 하는 것이 아니라 그리스도인인 형제 자매들에게 이 말을 하고 있는 것이다.

당신 자신의 혀를 통제하는 것이 얼마나 어려운지 아는가? 우리가 하는 말들은 주님께 합당하게 말씀을 드리고 주님을 위한 말을 하는데 사용되기 전에 다듬어지고 순결해져야만 한다. 놀라운 일이 아니다. 그럼에도 성령께서는 당신의 목소리에 대해 뭔가 특별한 일을 행하기 원하신다.

선지자 스바냐는 하나님께서 "열방의 입술을 깨끗케 하여 그들로 다 나 여호와의 이름을 부르며 일심으로 섬기게 하니리"(습 3:9)라고 예언하고 있다.

또한 당신이 성경에서 성령의 권능을 받은 사람들에 대해 읽을 때, 그들이 새로운 언어로 기도한 사실을 발견하게 된다. 사도행전에는 사람들이 성령을 받은 사건이 적어도 4번 이상 기록되어 있다.(행 2:4, 8:5~25, 10:44~48, 19:1~7). [시간이 충분하다면 이 구절들을 모두 함께 읽

기 바란다.]

이 기록들 중 특별히 그들이 성령으로 세례를 받았을 때 "성령의 말하게 하심을 따라 새로운 언어로" 말하기 시작했다는 내용이 세 번 기록되어 있다. 4번째 예에서는 새로운 언어들에 대해 특별히 언급된 바가 없지만 많은 성경 해석 학자들은 마술사 시몬의 주의를 끌게 하고 돈을 주고 사려고 했던 베드로의 '능력'이 방언으로 말하게 하는 것이었다는 데 동의하고 있다. 예를 들어, 유명한 신학자인 매튜 헨리(Matthew Henry)는 이렇게 말하고 있다.

성경에는 오순절날 임했던 성령의 임재하심으로 있었던 그런 특별한 권능을 부으신 성령님께서 "그 당시 누구에게도 임하지 않으신 상태였다"라고 기록되어 있다. 누구에게도 방언의 은사가 임하지 않은 상태였다. 방언의 은사는 그 당시 성령이 부어짐으로 나타나는 가장 일반적이고 즉각적인 현상인 것처럼 여겨진 것으로 보인다. 방언은 믿지 않는 이들에게 탁월한 표적이었고 동시에 믿는 자들에게는 커다란 도움을 주는 것이었다. 사람들에게 손을 얹고 기도하면 그들의 기도가 응답 받았다는 표시로 "성령의 은사들이 그들에게 주어졌으며" 또한 그 표시로 "그들이 성령을 받고 방언으로 말을 했다"라고 기록되어 있다(매튜 헨리의 주석 6권. 100쪽).

성경의 다른 곳에서도 방언으로 말하는 것에 대한 언급과 암시, 기록들이 있다. 이사야서 28장 11~12절(바울은 이 구절을 고린도전서 14장 21절에서 인용했다), 마가복음 16장 17절, 로마서 8장 26~27절, 고린도전서 12장 10절, 13장 1절, 14장 1~39절, 유다서 20절이다. [시간이 허락된다면 모인 사람들과 함께 이 구절들을 읽기 바란다.]

'새로운 언어로 말하다' 혹은 '방언으로 말하다'라는 것은 무슨 뜻인가? 이것은 당신이 예수를 영접했다면 그리고 성령이 당신 안에 거하심으로 당신은 이해하지 못하지만 하나님은 알아들으실 수 있는 다른 언어를 사용하게 되는 것을 의미한다.

방언으로 말하는 두 가지 방식

하나님께서는 방언을 말하는 것을 두 가지 다른 방법으로 사용하신다. 또한 그 차이를 아는 것은 매우 중요하다. 한 가지는 '기도 언어(prayer language)'라고 부르는 것이고, 다른 하나는 '방언의 은사(gift of tongues)'이다.

더 많은 그리스도인들이 방언으로 말하는 은사를 받아들이지 못하는 주된 원인 중 하나는 이 두 가지의 차이를 모르기 때문이다. 예루살렘 성경과 같은 저명한 성경 번역본 마저도 이 두 가지를 모두 '방언의 은사'로 표현함으로 이 오해들이 계속되게 하고 있다. 하지만 방언의 은사(gift of tongues)는 방언으로 말하는 것(speaking of tongues) 중 특별한 종류로 하나님이 한 무리의 사람들에게 특별한 말씀을 주실 때 사용되는 것이다. 이것은 상황에 따라 성령님에 의해 특별히 주어지는 말씀으로 그 뜻을 이해하려면 성령께서 주시는 통역이 요구된다.

바울은 고린도전서 12~14장에서 이 방언으로 말하게 하심에 대해 많은 이야기를 하고 있다. 그는 여기서 이 방언으로 말하는 두 가지 영역을 오고 가며 이야기를 하고 있다. 이 두 가지 방식의 차이점을 깨닫기 전까지는 바울이 고린도전서 12장 30절에 "다 방언을 말하는 자겠느냐"라고 말한 후 고린도전서 14장 5절에 "나는 너희가 다 방언 말하기를 원하나"라고 하고 14장 23절에 "그러므로 온 교회가 방언으로 말하면"이라고 한 것과 26절에 "너희가 모일 때에 … 방언도 있으며"라고 말 한 것을 이상히 여기게 될 것이다. 혹은 바울이 18~19절에 "내가 너희 모든 사람보다 방언을 더 말하므로 하나님께 감사하노라 그러나 교회에서 네가 남을 가르치기 위하여 깨달은 마음으로 다섯 마디 말을 하는 것이 일만 마디 방언으로 말하는 것보다 나으니라"라고 한 말들을 이해하지 못할 것이다.

방언의 은사에 대해 나중에 다시 더 언급하겠지만 여기서는 기도의 언어에 대해 말하고자 한다. 그리고 바로 이것이 만일 당신이 오늘 밤 성령으로 세례를 받는다면 받게 될 것이기도 하다. 또한 이 기도의 언어는 모든 믿는 자들이 언제든 사용할 수 있는 방언 기도의 방법이다. 사도 바울은 이것을 "영으로 하는 기도(praying in the Spirit)"(고전 14:14~15)라고 표현했는데 이것을 "나는 너희가 다 방언 말하기를 원하노라"(고전 14:5)와 "내가 너희 모든 사람보다 방언을 더 말하므로 하나님께 감사하노라"(14:18) 혹은 "무시로 성령 안에서 기도하고 이를 위하여 깨어 구하라"(엡 6:18)고 말하고 있는 것이다.

모든 그리스도인들이 이 능력을 사용하지 못하는 유일한 이유는 이 능력을 깨닫지 못하기 때문이다. 이것은 크나큰 비극이다. 이 능력이야말로 하나님께서 우리에게 주신 가장 중요하고 놀라운 능력이기 때문이다.

방언으로 하는 기도 혹은 '영으로 하는 기도'는 단순히 말하자면 하나님께 이야기하는 것이다. 하지만 우리가 사용해온 언어를 사용하는 것이 아니라 성령께서 원하시는 언어를 사용하실 수 있도록 그분을 신뢰하는 것이다. 아마도 전에 한번도 사용해보지 못한 언어일 것이다.

이는 매우 단순하고 어린아이처럼 순수한 것이다. 특별한 능력이나 거룩할 필요도 없다. 당신에게 필요한 것은 성령께서 당신 안에 거하시

3장 방언으로 말하기 • 41

고 그분께서 당신이 이야기할 때 목소리를 주장하시도록 그분을 전심으로 신뢰하는 것이다. 우리는 종종 어린시절 무슨 뜻인지도 모르면서 방언으로 기도한 일들을 기억하는 사람들을 만난다. 그들이 기억하는 것은 그로 인해 행복했고 하나님께 가까이 가게 됐다는 것이다.

놀라운 것은 당신이 방언으로 기도하기 시작할 때 내면 깊은 곳에(당신의 영 안에) 계시던 성령님께서 밖으로 나와 당신의 혼(정신체 - 지, 정,의)과 몸(육체)에 세례를 주게(압도하심) 하는 길을 만들게 된다는 사실이다. 하나님께서 당신 전체에 더욱 커다란 영향력을 행사하게 해드리는 것이다. "방언으로 말하는 사람은 자신이 영적으로 성장하는 것을 돕는다"(고전 14:4 TLB). 세례란 말이 다른 사람이나 어떤 것이 당신을 뒤덮어 당신 자신이 그 영향력 아래로 들어가는 것을 뜻함을 기억하라. 그렇기 때문에 방언으로 말하는 것이 성령 세례에 있어 없어서는 안 될 부분이라고 볼 수 있다.

당신이 성령으로 세례를 받게 되면 방언으로 말하게 될 것이고, 또한 방언으로 말하므로 당신은 성령으로 세례를 받게 된다. 왜냐하면 당신이 말에 대해 성령님께 순복함으로 당신의 삶에 성령님이 더 깊은 영향력을 끼치게 할 수 있기 때문이다.

이것이 하나님께서 통제하기 어려운 당신의 혀를 길들이시도록 허락해드리는 과정이자 방법이다. 우리는 모든 것을 하나님께 드려야만 한다. 그럴진대 우리의 목소리를 그분께 드리는 것이 왜 놀라운 일인가?

야고보는 혀를 말의 입에 물리는 재갈에 비유하고 있다. 그는 재갈이 작은 것이지만 말 전체를 통제할 수 있다고 이야기하고 있다. 또한 혀는 배에서 그 크기가 배와 비교할 수 없을 만큼 작지만 배의 진로를 결정하는 키와 같다고 이야기하고 있다. 여기서 야고보는 만일 당신이 누군가의 혀를 조정할 수 있다면 그 사람 전체를 조정할 수 있다고 이야기하고 있다(약 3:1~5).

이것이 당신이 방언으로 말하게 될 때 일어나는 가장 중요한 일이다. 구원받기 위해 혹은 성령님으로 당신 안에 거하시도록 하기 위해 방언으로 말할 필요가 없다. 방언으로 말하는 것으로 성령님이 당신 안에 있음이 증명되는 것이 아니다. 만일 내가 당신 안에 성령이 있는지를 알기 원한다면 당신이 방언을 말하는지를 묻지 않고 "예수를 당신의 구주로 영접했나요?"라고 물을 것이다. 하지만 방언으로 말하는 것은 당신이 그리스도인이기 때문에 이미 당신 안에 계시는 성령님을 자유롭게 해드리는 열쇠와 같은 것이다.

방언으로 말하는 것이 거룩함의 증거나 표시가 아니다. 하지만 방언을 말하기 시작할 때 당신은 성령 안에서 자유 하기 시작하는 것이다.

효과적인 대화

성령께서 당신에게 주신 새로운 언어는 하나님과 더욱 효과적으로 대화하는 것을 돕는다. 왜냐하면 당신에게 말씀을 주시는 분이 바로 하나님 자신이기 때문이다. 다시 한번 바울은 로마서 8장 26절에 "우리는 하나님께 올바른 방식으로 기도 드릴 수 없지만 성령께서는 우리가 사용할 수 없는 언어로 우리의 갈망을 담아내신다"(기본영어 새번역)라고 말하고 있다. 방언으로 말하는 것은 당신으로 하나님께서 원하시는 대로 하나님께 이야기할 수 있게 하고, 찬양을 드릴 수 있게 하며 그분과의 보다 열린 관계를 가져다 준다.

우리의 언어는 제한되어 있다. 예를 들어 우리가 사랑이라는 단어를 사용하는 방법을 보자. "나는 아이스 크림을 좋아한다." "나는 내 개를 사랑한다.""나는 내 아이들을 사랑한다.""나는 내 아내를 사랑한다." "나는 하나님을 사랑한다." 한 단어로 만들어내는 이 문장들의 차이점은 무엇인가? 분명히 하나님께 사랑을 고백하는 데는 특별한 말들을 사용해야 하고 또한 그러한 단어들이 있지만 당신은 그것들을 알지 못하고 당신의 지성으로는 그것들을 말할 수 없다. 하지만 하나님께서는 그것들을 아시고 당신의 마음으로는 이해할 수 없는 언어로 그 단어들을 말할 수 있도록 지도하신다. 당신이 그 말을 할 수 있게 될 때 당신의 영은 당신의 혀로 표현할 수 없는 방법으로 하나님께 자신의 표현을 드러내는 것으로 인해 살아 움직이게 될 것이다.

우리의 내적인 죄와 문제들에서도 마찬가지이다. 이것들을 매우 간절하게 하나님께 고백되어야만 하나님께서 그것들을 치료하실 수 있다. 하지만 당신이 그것을 말로 표현할 수는 없다. "… 우리가 마땅히 빌 바를 알지 못하나 오직 성령이 말할 수 없는 탄식으로 우리를 위하여 친히 간구하시느니라"(롬 8:26).

효과적인 기도

당신이 기도할 때, 하나님께서 정말로 하고 싶어하시지 않는 일을 해달라며 옷자락을 잡고 늘어져서는 안 된다. 만일 하나님께서 원치 않으신다면, 그 기도는 하지 말아야 한다. 차라리, 믿음으로 하나님께서 당신의 말에 역사하셔서 세상에서 여전히 주님 앞에 합당하지 않은 것들에 그분이 행하기 원하시는 일들을 하시도록 기도해야 한다. 그렇게 하나님께서 행하시는 대로 당신은 그 기능을 다해 말을 하는 것이다. 말이란 강력한 것임을 기억하라. 하나님께서는 그분의 뜻을 이루기 위해 당신이 하는 말의 강력한 힘을 사용하기를 원하신다. 기도는 하나님과 협

력하는 것이기 때문에 정확히 하나님께서 당신이 하기 원하는 대로 기도할 때 많은 도움이 된다.

당신이 방언으로 말할 때, 정확히 하나님께서 우리에게 기도하기 원하시는 대로 기도하게 된다. 그렇기 때문에 당신 자신의 언어로 표현하려고 하는 것보다 그분께 모든 말의 통로를 내어 드릴 때 더욱 기도가 열리게 된다. 이러한 이유로 방언 기도는 도움이 필요한 사람들과 그들의 환경을 위한 중보에 있어 강력한 도구이다. 그렇게 드리는 기도의 효과로 인해 당신은 놀라게 될 것이다. 기도의 또 다른 면이 듣는 것임을 잊지 말라. 영으로 기도한 후, 반드시 멈추고 하나님께서 당신에게 하시기 원하는 말씀을 듣도록 하라.

왜 내가 이해하지 못하는 언어로 기도해야 하는가?

그것은 당연히 하나님께서 당신에게 새로운 언어를 주셨기 때문이다. 당신이 자신만의 기도 언어로 기도할 때 당신을 포함한 그 누구도 그것을 알아들을 수 없다(고전 14:2). 방언으로 기도할 때 당신의 기도는 하나님이 원하시는 방법을 통하여 올바로 나온다. 내용을 바꾸거나 더할 수 없다.

이 첫 번째 종류의 방언으로 말하는 기도 언어는 3가지 작용을 하게 된다.

1. 당신을 성령 안에 자유케 만들기 시작한다.
2. 당신을 새로운 자유 가운데 하나님과 대화하게 하고 영적인 삶을 온전케 하며 세워준다. 이 기도는 단순하고 새롭게 하는 기도이며 당신의 영에 안식을 가져다 줄 것이다.
3. 이 기도는 당신을 둘러싼 세상에 하나님의 뜻이 이루어지도록 더

욱 효과적으로 기도하는 능력을 당신에게 준다.

감정적으로 동요될 필요 없다

방언으로 말하는 것은 감정과는 아무런 상관이 없다. 만일 당신이 방언으로 말하게 되려면 감정적으로도 자극을 받아야만 한다고 생각하고 있는데 그렇게 되지 않는 것을 인해 걱정하고 있었다면 이 사실을 알게 된 것으로 인해 안도감을 느낄 것이다.

당신의 감정은 혼(soul) 혹은 정신세계(psyche)에 속한 부분이지만 방언으로 말하는 것은 그런 정신세계에서 나온 것이 아니라 성령께서 거하시는 당신의 영을 통해 성령께서 직접 하시는 일이다. 바울이 이것을 "영으로 하는 기도(praying with the spirit)"이라고 부른 이유도 이 때문이다(고전 14:14~15)

일부 현대 신약 번역에는 방언을 말하는 것을 '황홀경(ecstasy)' 이나 '무아지경(ecstatic)' 이라는 단어로 표현했지만 이들 단어들은 헬라어 원뜻에는 전혀 담겨있지 않다. 심지어 내포되어 있지도 않다.

'방언으로 말하다' 란 말을 옛날 표현으로 말하자면 '다른 말들로 말하다' 이다. 영어에 '방언(tongue)' 이란 단어는 헬라어로 'glossa(글로사)' 로 이 단어는 원래 '언어' 를 뜻하는 말이다. 만일 우리가 멋지게 보이고 싶다면, "그는 영어 방언을 말한다"라고 할 수 있을 것이다. 그렇기 때문에 "방언으로 말하기 시작했다"라는 말은 단순히 "그들이 다른 언어로 말하기 시작했다"라는 뜻이다. 당신 자신이 알고 있는 또 다른 언어로 이야기하듯이 성령께서 주시는 언어로 말을 하는 것이다. 그렇게 되기 위해 감정적으로 흥분될 필요는 없다.

처음 성령님으로 당신에게 새로운 언어를 주시도록 허락해 드리면 그것으로 당신의 감정이 감동될 수도 있고 그렇지 않을 수도 있다. 아무 것도 느끼지 못할 수도 있고, 회복과 평안함을 느낄 수도 있다. 혹은 주님께서 주시는 평안에 완전히 휩싸인 것을 느낄 수도 있다. 이러한 것들은 감정적 기질이나 상태에 달려있는 것들이다. 만일 당신의 감정을 통제하고 그러한 것들을 버리지 말아야 한다고 배워왔다면 성령께서 당신의 감정을 움직이시는 데는 어느 정도 시간이 걸릴 것이다.

당신의 삶에 있어 유익한 것들이 일어나게 하기 위해 뭔가를 느낄 필요는 없다. 또한 성령 안에서 효과적으로 기도하기 위해 뭔가를 느낄 필요도 없다. 좋은 증인이 되기 위해 뭔가를 느낄 필요도 없다. 심지어 자신이 '어리석게' 느껴질지라도 사람들은 당신 안에 성령이 계심을 알게 될 것이다.

감정이 중요하지 않다는 말을 하는 것이 아니다. 오히려 매우 중요한 것이다. 감정 없는 삶이란 너무도 끔찍한 것이다. 하지만 감정은 결과물이지 원인이 아니다. 다른 말로 말해, 감정적으로 하나님을 경험하는 것이 아니라 하나님을 경험하게 될 때 그때 감동을 얻게 되는 것이다. 만일 당신이 하나님에 대해 흥분하지 않는다면 무엇이 당신을 흥분시킬 수 있겠는가?

방언의 은사 (The Gift of Tongues)

당신의 기도 언어를 사용하기 시작한 후, 사도 바울이 고린도전서 12장 4~11절에 나열한 다양한 성령의 은사들이 당신의 삶에 더욱더 역사하게 되는 것을 보게 될 것이다. 이 은사들은 성령께서 원하시는 대로 나눠주신다(고전 12:11). 병 고치는 은사와 능력 행함, 지식과 지혜, 영 분별함(옳고 그른 영들을 분별하는 능력), 예언(당신이 평소 사용하는 언어로 성령께서 주시는 말씀), 믿음, 방언과 통역과 같은 은사들의 전부 혹은 일부가 당신을 통해 역사하기 시작한 것을 알게 될 것이다. 이러한 은사들을 행하게 되는 잠재력은 예수님을 영접하는 순간부터 항상 존재해 온 것들이고, 또한 이미 하나나 그 이상의 것들을 경험했을 수도 있다. 하지만 성령님을 자유롭게 해드리는 것은 이보다 훨씬 큰 은사를 가져다 준다. 대부분의 그리스도인들은 성령 세례를 받기 전까지 이 사실을 전혀 깨닫지 못한다. 사실, 열심으로 믿는 많은 사람들이 완전히 성령 세례를 포기한 상태이고, 그것이 성경 시대 때만 있던 것이지 "우리가 사는 시대에는 그런 일이 있지 않다"고 말한다. 하지만 수백만의 그리스도인들이 지금 이 시대에도 예수께서 백성들의 믿음과 기도를 통해 그분의 전능하신 이 사역들을 계속하고 있다는 사실을 증언할 수 있다.

이 은사들 중 하나가 방언의 은사이다. 앞에서 다룬 것처럼 이것이 방언으로 말하는 두 번째 방법이다. 다른 은사들처럼, 방언의 은사 또한 성령께서 원하는 때와 그분의 결정에 의해 주어지고 그분이 원하는 사람이면 누구에게나 주어진다. 이 방언의 은사는 하나님께서 그분의 백성들이 모인 가운데 뭔가 하실 말씀이 있으실 때 주어진다. 바울은 이런 종류의 방언을 고린도전서 12장에 "다 방언을 말하는 자겠느냐?"라고 언급했고, 또한 고린도전서 14장 27절에 모임 가운데 두세 명만이 통역이 있는 가운데 방언을 할 수 있다고 했다. 그렇게 해야만 하나님께서 그 무리들 가운데 하시는 말씀을 깨달을 수 있기 때문이다.

기도의 언어는 당신이 원하는 때면 언제든지 사용할 수 있다. 하지만 이 방언의 은사를 사용하겠다고 자기가 원하는 대로 결정해서는 안 된다. 성령께서 원하실 때 당신에게 알게 하셔야만 한다. 모임 가운데서 성령님의 특별한 감동 없이 방언으로 말하기 시작한다면 당신 자신의 기도 언어로 크게 소리 내어 기도해야만 한다. 모든 사람들이 각자가 모두 큰소리로 방언 기도를 하는 것은 덕을 세우는 일이다. 모인 사람들이 모두 무슨 일이 일어나고 있는지를 알기 때문이다. 하지만 방언의 은사를 사용해서는 안 된다. 이것이 바울이 고린도전서 14장 16절과 23절 그리고 28절에 언급한 내용이다. 하지만 성령께서 누군가를 감동시키시고 방언의 은사를 사용하게 하신다면 분명 그분께서는 방언을 하는 그 사람이나 혹은 다른 사람을 통해 통역까지 함께 주신다.

이렇게 될 때 방언으로 말하는 것은 매우 아름답고 영감을 주게 된다. 또한 부적절하게 사용될 때는 그 반대이기도 하다. 사람들은 때로 방언을 통해 자기 자신을 드러내려고 사용하는 경우가 있다. 이것이 교회 지도자들이 방언 말하기를 꺼린 이유이다. 기도 언어와 방언 은사의 차이점을 이해하지 못한 상태에서 어떤 사람이 방언으로 기도하기 시작하면 사람들은 그것이 교회를 소란스럽게 하고 무질서를 초래한다고 생각한다.

물론 공적인 모임에서 방언의 은사가 질서를 무시하거나 괴로움을 주어서는 안 된다. 모임 가운데 당신이 성령의 감동으로 방언으로 말할 수도 있고 하지 않을 수도 있다. 하지만 만일 하게 된다면 자신이 적합한 장소와 시간 가운데 있는지 먼저 확인해야 한다. 영적인 은사가 잘 조절되는 가운데 사용되어야 함을 기억하라. "예언하는 자들의 영이 예언하는 자들에게 제재를 받나니"(고전 14:32).

많은 사람들이 방언을 말하는 것이 단순히 일시적으로 '일어나는' 폭발적인 현상이며, 자신들에게 그렇게 '일어날 수' 있는 일이라고 생각한다. 사람들은 갑자기 자신들의 의지와는 상관없이 성령이 강력하게 임하게 되고 어쩌면 그것으로 인해 자신들이 곤란해 질 수도 있다고 생각한다. 단순히 모든 것이 그렇지만은 않다. 갑작스럽게 교회에서 큰 소리로 기도하게 되지만은 않을 것이다. 마치 시장에서처럼 시끄럽게 큰 소리로 방언을 말하게 되지는 않는다. 성령께서는 강압적으로 억지로 하시는 분이 아니시다. 다시 한번 바울은 이렇게 말한다. "예언하는 자들의 영이 예언하는 자들에게 제재를 받나니"(고전 14:32) 또한 "내가 내 영으로 기도하나니" 라고 기록하고 있는데 그것은 "내가 내 의지로 그렇게 하노니 / 내가 원하는 때 그리 하노라"(고전 14:15, 32)라고 말하고 있다.

당신이 어떠한 영감을 받던지 간에, 만일 주일 아침 방언의 은사를 사용하고, 회중들이 그것을 알아듣지 못하고, 그것으로 인해 겁을 먹게 되고, 사람들을 당황하게 하며 또한 만일 목사의 뜻을 거스려 목사를 당황하게 하고 화나게 한다면 그것은 분명 적절치 못한 것이다. 어느 주일 아침예배가 끝난 후, 내 친구 중 하나가 내게 이렇게 말했다. "예배 중에 방언으로 말해야 할 것 같은 강한 영감을 받았네. 하지만 사람들이 이해하지 못할 것 같아서 곁에 앉아 있던 사람에게 속삭이며 방언으로 말해줬고 그 사람도 내게 속삭이며 통역을 해줬다네."

방언의 은사에는 또 다른 다양한 모습들이 있다. 형제 혹은 자매가 한 번도 배워보지 못한 다른 나라 말(불어나 독어와 같은)을 하는 것인데 함께 한 사람들 중 그 말을 하는 이들은 그 내용을 이해할 수 있다. 사도행전의 오순절날에 있던 사람들이 그러했다. "우리가 다 우리의 각 방언으로 하나님의 큰 일을 말함을 듣는도다 하고"(행 2:11). 오늘날도 역시 이러한 일들이 굉장히 자주 일어나고 있다.

나 자신도 한때 일본어와 네팔어 방언을 한 적이 있다. 분명 두 나라 말을 배운 적이 없었지만 그 자리에 함께 한 사람들 중 그 말을 알아듣는 사람이 있었고 통역을 해 주었다. 또한 한 형제가 한번도 배워보지 못했음에도 스페인어로 아름답게 방언을 하고 그런 다음 불어 방언을 하는 것을 본 적이 있다. 내가 아는 불어는 매우 적은 것이었지만 몇몇 단어들은 알아 들을 수 있었다. 하지만 그가 하는 불어 방언은 매우 명확하고 천천히 흘러나왔다.

"C'est bon, cest bon. Tres bon et le bon Dieu." 번역하면 "좋은 분이시다. 좋은 분이시다. 하나님은 정말 좋은 분이시다"이다.

교회 회원 중 내가 잘 아는 한 분은 몇 번 완벽한 북방 중국어 방언으로 기도를 했고 함께 있던 중국인이 그 말을 알아들은 적이 있다. 나는 또한 한 번도 배운 적 없는 라틴어, 히브리어, 한국어, 고대 불어, 바스크어로 방언을 하는 사람들을 알고 있다. [자신이 겪은 경험들이 있을 수 있지만, 만일 없다면 내 경험들을 사용하기 바란다.]

부디 바라는 것은 우리가 지금 이야기하고 있는 것이 성령을 받는 것에 대한 것이 아니라 성령님을 그분이 원하시는 대로 하실 수 있게 해드리고 또한 당신 삶이라는 집에 있는 다른 방도 채우실 수 있도록 자유롭게 드리는 것임을 다시 한번 기억하기 바란다. 만일 당신이 자신만의 기도 언어를 사용하지 못하고 있다면 그것은 하나님께서 그 은사를 주시지 않으셔서가 아니라 어떤 이유에서건 그것을 자기 자신이 억제하고 있기 때문이다. 그것이 무엇인지를 계속해서 찾도록 하라. 무언가가 가로막고 있다면 그것을 찾아내라. 그리고 절대 포기하지 말라. 방언을 말하는 것은 그리스도인으로의 삶에 있어 생명만큼이나 중요한 일이다.

[사람들에게 방언을 말하는 것이 성령 세례를 받음에 있어 없어서는 안 될 부분임을 강조하라. 분명히 해야 할 것은 당신 자신이 반드시 방언을

말할 필요는 없다는 것이다.]

4장
성령 세례를 받기 위한 준비

PREPARING TO PECEIVE THE BAPRISM WITH THE HOLY SPIRIT

성령 세례를 받기 위해 가장 먼저 그리고 무엇보다 선행되어야 할 것은 예수를 당신의 구주로 영접하는 것이다.

[절대로 당신이나 다른 형제, 혹은 자매가 예수를 영접했는지를 확신하지 못한 상태에서 성령 세례 받기를 구하지 말라. 영접하는 순간이 바로 성령께서 우리 안에 들어와 사시는 순간이기 때문이다.]

이러한 사실을 분명히 하지 않는다면, 당신이 그리스도인이 아닌 사람과 기도하고 있음을 스스로 발견할 수 있을 것이고, 그 안에 성령께서 거하시지 않을 뿐만 아니라 세상의 다른 영이 있는 사실을 발견하게 될 것이다. 그런 가운데 이 사람에게 '성령을 자유롭게' 하게 한다면 그 안에 있던 다른 영이 그 괴상하고 심지어 모두를 두렵게 하는 모습을 드러내게 될 것이다. 당신은 그러한 영을 이길 권세가 있음을 알게 되겠지만, 함께 기도하는 사람들로 당황케 할 것이고 말할 것도 없이 그들에게 두려움을 갖게 할 것이다. 초기 회복 사역에서뿐만 아니라 여전히 많은 곳에서 사람들이 준비되지 않은 상태에서 그들을 위해 기도하고 지금도 그렇게 하고 있으며, 또한 심지어 예수님을 알고 있는지에 대한 질문도 하지 않고 있다.

[그러니 지금 이 시점에서 멈추고 그들이 예수를 영접하고 죄 사함을 받았으며 성령으로 거듭남을 받았는지 확인하도록 하라. 평생을 교회에 소속되어 있었지만 개인적으로 예수를 한번도 영접해 보지 못한 사람들이 있다. 단지 교회의 신실한 회원이고 혹은 목회자라는 이유만으로 그들이 예수를 영접했다고 단정하지 말라. 분명히 어떤 종류든 그리스도인들이 모이는 모임이나 회의에 참석한다는 것만으로 사람들이 주님을 영접했다고 단정해서도 안 된다.]

영접 기도(Prayer to Receive Jesus)
다음과 같이 말하도록 하자.

자, 이제 잠시 눈을 감도록 하겠습니다. 아무도 볼 수 없기 때문에 부끄러워하거나 방해 받을 필요도 없습니다. [지금 벌어지고 있는 상황을 확인하기 위해서 당신은 눈을 뜨고 있어야 한다. 다음과 같은 말로 계속 하도록 하자.]

눈을 감고 있는 동안 저는 당신이 예수님을 당신의 주님이요, 구주로 영접하고 그분으로 당신의 삶에 들어오시도록 초대한 순간을 기억하고 있는지를 묻기 원합니다. 당신에게 하나님을 믿는지 묻는 것이 아닙니다. 믿지 않는다면 여기 있지도 않을 것입니다. 당신에게 교회에 다니고 있는지 혹은 기독교에 관련된 일을 하고 있는지를 묻는 것도 아닙니다. 지금 당신에게 묻는 것은 '개인적으로 예수님을 영접했는가' 입니다. 어떤 사람들은 여전히 부모나 자신이 다니는 교회 혹은 목사의 신앙을 자신의 종교로 받아들이고 있습니다.

주님과 당신 자신만의 관계를 가지고 있습니까?

나는 당신에게 무슨 일이 일어난 것을 느꼈는지 혹은 주님이 당신 안에 거하시고 계신 것 같이 느끼고 있는지를 묻는 것이 아닙니다. 당신이 그분을 느끼고 있든 그렇지 않든 간에 단 한번이라도 주님을 당신의 삶에 모셔드린 적이 있는지를 묻고 있는 것입니다.

여기 계신 분들 중 한 사람이라도 확실하게 '예'라고 대답할 수 없지만 지금 그분을 모셔드리기 원하는 분은 오른손을 들고 '예'라는 표시를 해주시기 바랍니다. 앞으로 나오는 등의 당황스럽게 하는 요청은 하지 않을 것입니다. 지금은 당신과 예수님 둘만의 시간입니다. 부디 조금도 주저함 없이 주님을 모셔드리기 바랍니다.

[여기서 잠시 멈추고 사람들에게 손을 들 수 있는 기회를 주도록 한다. 모든 사람들 안에 주님이 계신 것을 알 수 있도록 모두가 손을 드는지를 확인하는 것이 좋다.]

자 이제 손을 드신 분들은 저를 따라 이 기도를 드리도록 하겠습니다. 자신의 기도로 만들어서 드리기 바랍니다. 만일 원하신다면 다른 분들도 함께 하셔도 됩니다. 주님을 향한 확신을 재확인하는 것은 조금도 잘못된 일이 아닙니다.

"하나님, 저는 예수께서 당신의 독생자로 이 땅에 오신 것을 믿습니다. 예수께서 십자가에서 죽으시고 세상의 죄를 사하시기 위해 보혈을 흘리신 것을 믿습니다. 또한 예수께서 우리에게 부활의 생명을 주시기 위해 죽음에서 다시 일어나신 것을 믿습니다.

주 하나님, 지금까지 제 삶에 지은 모든 잘못들과 죄, 죄책감, 두려움들을 주님께 고백합니다. 저를 용서하시고 예수님의 귀하신 보혈로 씻어 주시옵소서. 지금 이 시간 이 일을 행하실 것을 믿습니다. 주님의 용서하심을 받아들입니다. 감사합니다, 아버지. 감사합니다, 예수님.[잠시 멈춘다]

주 예수님, 제 삶을 당신께 열어드립니다. 들어오소서, 주 예수님. 당신을 나의 구주요, 왕으로 모셔드립니다. 들어오셔서 제 안에 거하시고 당신의 성령을 주시옵소서. 감사합니다, 주님. 지금 이 시간 주님께서 제 안에 거하고 계심을 믿습니다. 또한 제가 성령으로 거듭났음을 믿습니다. 이제 저는 새로운 부활의 생명을 얻었습니다. 감사합니다, 아버지. 감사합니다, 예수님. 감사합니다, 성령님. 주님을 찬양합니다."

이전까지 한번도 주님을 당신의 삶으로 모셔드리지 않았다면 지금 분명하게 주님을 초청하면 그분은 들어오실 것이다. 예수님과 성령님은 당신 안에 거하고 계시고 그분의 능력을 당신 안에 풀어놓을 것이다. 당신은 아마도 어딘가에 오늘 이 날을 영원히 기록해 두길 원할 것이다. 그렇게 해서 예수님을 당신의 주님과 구원자로 모셔드린 날을 기억할 수 있을 것이기 때문이다.

당신의 태도를 점검하라(Check your Attitudes)

이제 당신 안에 거하시는 성령님을 밖으로 흘러 넘쳐 당신의 혼과 몸을 채우시고 세례 주시도록 초대하게 될 것이다. 그렇기 때문에 지금이야말로 그분을 가로막고 있는 것이 있는지를 확인 할 수 있는 좋은 기회이다. 어찌되었든, 당신 집을 방문한 친구의 예로 다시 생각해 보면, 친구의 기분을 상하게 할 수 있는 것은 무엇이든 없애는 것이 좋은 일인 것과 같다.

당신의 삶 가운데 성령께서 합당하게 여기지 않으시는 것이나 고쳐야 할 것들이 있는가? 가장 일반적인 것은 용서하지 않는 것이다. 당신이 용서하지 못하는 사람이 있는가? 누군가 당신에게 잘못을 저지른 사람에게 "오, 저는 그 사람을 미워하지 않아요. 단지 그 사람과 상관하고 싶지 않을 뿐이에요"라고 말하지 않는가?

주님과 시합을 하지 말라. 예수께서는 분명하게 우리가 다른 사람들을 용서하지 않으면, 하나님도 우리를 용서하지 않으실 것이라고 말씀하셨다. "서서 기도할 때에 아무에게나 혐의가 있거든 용서하라 그리하여야 하늘에 계신 너희 아버지도 너희 허물을 사하여 주시리라"(막 11:25).

어쩌면 당신은 이렇게 말할지도 모른다. "만일 당신이 무슨 일이 있었는지 알았다면, 절대 그 사람이 내게 한 행동을 용서할 수 없을 거에요."

그렇다면 하나님께 이렇게 기도하라. "주님, 정직하게 말씀 드리자면 저는 그 사람을 용서할 수 있을 것 같지 않습니다. 그리고 그러고 싶지도 않습니다. 하지만 주님께서 원하시는 것은 알고 있습니다. 제가 드릴 수 있는 말은 제가 주님께서 원하시는 마음을 갖게 되길 원한다는 것입니다."

하나님은 이 기도를 들어주실 것이고, 당신이 깨닫기도 전에 자신이 그 사람을 용서하고 용납하고 있음을 보게 될 것이다. 심지어, "그 사람을 용서하고 싶어하는 마음이 들기를 바랬어"라고 말할 것이고 하나님께서는 이 기도를 들으시고 어떤 상황이든 모든 것을 용서하도록 도우실 것이다. 하나님께서는 우리가 그분께 정직한 것을 좋아하신다. 만일 조금도 용서할 마음이 들지 않는 자신을 발견한다면 당신 자신에게 더 많은 치유가 필요한 것이다. 이런 내용을 다른 책들을 찾아 읽기 바란다. 또한 함께 기도할 사람을 찾아 기도하라. 용서치 않음은 성령님을 자유롭게 해드리는 것을 가로막을 것이다.

또 다른 잘못된 태도들이 있다. 좋지 못한 성질, 좌절, 부정적인 태도, 거절, 근심, 성적인 문제들과 같은 것들이다. 그저 손만 흔들어 댄다고 해서 그것들이 사라지지는 않는다. 그러한 행동들을 끊고 주님께 내어 놓아야 한다. 만일 성질이 좋지 못하다면 이제 화내는 것을 그만 두라. 대신 하나님께 그러한 성질을 고쳐 달라고 기도하고 그로 인해 잃어 버린 시간들에 대해 용서를 구하라.

만일 성적인 것들로 인해 문제가 있다면 하나님께서 자신을 그렇게 만드셨다고 주장하는 것을 멈춰야만 한다. 자신에게 치유가 필요하다는 사실을 깨달으라. (자신의 그러한 성향들을 행동으로 옮겼다면 용서를 받아야만 한다.)

그러한 문제들은 마치 '양자택일적인 삶의 방식'이라고 변명하지 말라. 하나님께서는 오직 한 가지 삶의 방식만을 용납하신다. 그것은 예수님의 삶의 방식이다. 당신이 가진 문제들을 하나님 앞에 인정하면 그분께서는 그것들을 어떻게 고쳐야 할지 보여 주실 것이다. 당신 혼자 그것들을 끊을 수 없는 것을 잘 알고 계신다. 하지만 자신이 계속 그러한 것들을 붙들고 행한다면 주님도 도우실 수가 없다. 그렇기 때문에 자신이 기억하는 것들을 주님께 드리고 주님께서 친히 고치시도록 하라. 잘못된 것들을 모두 주님께 드리면 성령께서 당신의 혼 가운데 자유롭게 운행하시기 위하여 그 길이 깨끗하게 될 것이다.

당신이 기억하지 못하는 것들은 어떠한가? 성령님과 동행하다 보면 주님께서 고치시기 원하는 개인적인 영역들을 보여주실 것이다. 더 많이 치유될수록 더욱더 성령 안에 자유케 될 것이다. 우리 모두가 자신이 깨닫지 못하는 깊은 상처들이 있다. 하지만 이러한 상처들은 성령의 흐름을 방해하고 있거나 방해 할 수 있는 것들이다. 예수께서는 그것들을 치료하시기 원하신다. 하지만 우리가 허락해 드려야만 가능한 일이다. 우리 스스로가 잠가 놓은 것들이기 때문에 우리가 직접 주님께 열어드려야만 한다. 어떤 사람들의 혼은 너무도 상처를 받아서 성령을 자유롭게 해드리기 전에 반드시 치유를 받아야만 한다. 다시 한번 이곳이 혼의 치유를 위한 기도가 정말로 도울 수 있는 장소이다.

잠시 멈추고 이러한 것들을 위해 지금 기도 하도록 하자. 아무도 자의식을 느끼지 않도록 눈을 감도록 하자. 이제 당신의 삶 가운데 고쳐져야 할 잘못된 것들의 기억이나 혹은 지금 깨닫는 것이 있다면 손을 들기 바란다.

모두 함께 기도합시다. 제가 하는 기도를 따라하지만 자신의 기도로 드리기 바랍니다.

아버지, 제 삶에 잘못된 태도들이 있음을 깨달았습니다. 특히 다음과 같은 것들을 기억합니다.

[잠시 멈추고 기다린다.]

이 모든 것들을 아버지 당신께 올려 드리오니 이 모든 것들과 제 삶의 어떤 형태의 죄든 용서해 주옵소서. 저를 용서하심을 인해 감사드립니다. 제가 더욱더 예수님을 닮도록 해주옵소서. 이러한 것들과 관련된 모든 영들아, 나는 예수의 이름으로 너를 묶노라. 나는 너희를 모두 내 삶의 영역 밖으로 내어 던지노라. 다시는 돌아오지 말지어다. 예수님의 이름과 그분의 귀하신 보혈을 의지하며 기도합니다. 아멘.

자신이 용서하지 못한 누군가를 기억하고 있다면, 그 사람의 이름을 부르며 하나님께 그 사람을 용서할 수 있도록 도움을 구하고 용서하기 원하는 마음이 들도록 기도하라.

[함께 기도하기 원한다면 잠시 멈추고 조용히 그 사람들의 이름을 부르며 그 사람 혹은 사람들을 용서하는 기도를 드리도록 하게 하라.]

아버지, 제가 [용서하기 원하는 사람 혹은 사람들의 이름을 넣어서]에게 분을 품고 있음을 아십니다. 이제 그들을 주님께 올려드리오니 용서하여 주시옵소서. 그들을 축복하시고 고치시고 만일 주님을 알지 못하고 있다면 예수 그리스도를 통해 아버지 당신을 알게 하옵소서. 그들을 주님께 드리오니 제 안에 있는 미움과 용서치 않음으로부터 저를 자유케 하소서. 예수님의 이름으로 기도합니다. 아멘.

[이 기도를 모두가 함께 하기 원한다면 잠시 멈추고 각자가 용서하기 원하는 사람들을 위해 기도하는 시간을 갖도록 하라.]

5장
두 개의 다른 영역들
TWO OTHER AREAS

성령님을 자유롭게 해드리는 기도를 하기 전에 이야기 해야 할 두 가지 영역이 있다. 당신에게 직접적으로 적용되지 않을 지라도, 그것이 무엇이고 어떻게 해야 할지를 알아야 한다. 이 두 가지 영역을 다루지 않은 상태에서 자신이나 혹은 다른 사람 안에 성령님을 자유롭게 해드리는 기도를 절대 해서는 안 된다.

첫 번째는 기독교나 유대교 이외에 다른 종교 활동에 참여한 적이 있는가이다. 미국에서 이러한 것들은 컬트(Cults)라고 부르는 현대에 만들어진 종교들이나 철학들을 말한다. 물론 이들 많은 컬트들은 옛 이교주의로부터 영감을 받았다. 예를 들면 초월 명상 같은 것은 근대의 컬트이지만 사실 힌두교의 요가와 같은 고행 등에서 비롯된 것들이다.

대부분 이러한 이단들은 예수님을 그저 위대한 지도자이자 선생 혹은 선지자라고는 가르치지만 그분이 진정 하나님이시다는 사실을 가르치지 않고 있다. 예수께서 육체적으로 죽은 자 가운데서 다시 사신 사실을 믿지 않으면서도 그들 중 어떤 이들은 영적인 부활은 믿는다. 그들은 예수께서 죽으셨기 때문에 우리가 죄 사함을 받을 수 있다고 믿지 않는다.

대부분 컬트들은 만일 우리에게 죄가 있다면 우리 자신의 노력이나,

또는 이 땅에서 혹은 죽었다가 이 땅의 다른 육체로 다시 살아나서(윤회) 노력함으로 해결된다고 주장한다. 또 다른 이들은 죄나 질병들은 나약한 인간의 마음이 잘못됨으로 인한 것이기 때문에 자신의 의지를 바로 세우면 아무런 문제 없이 형통할 것이라고 이야기하고 있다.

이들은 자신들이 기독교의 형태와 같다고 주장을 하지만 그들이 가르치는 내용은 성경과는 매우 다른 것들이다. 예를 들어 기독교와 매우 유사하고, 많은 이들이 기독교의 교파 중 하나라고 생각하는 한 이단 집단에서는 예수님이 신적인 존재이시고, '삼위 일체의 중요한 한 분'이라고 이야기하지만, 이들이 예수께서 자신들이 가르치는 '복음의 계명들'을 지킴으로 그런 신적인 존재가 되었다고 가르치고 있음을 금방 알 수 있다. 그들의 말에 의하면, 구원은 자신들의 계율을 지킴으로 오는 것이지 구원자인 예수를 통해 오는 것이 아니다.

그들은 예수야말로 자신들의 가르침을 지킴으로 인간이 '전능한 신'이 된 좋은 예라고 이야기한다. 그들은 또한 이러한 '신 같은 인간들'에게는 각자 다스릴 혹성들이 주어진다고 한다. 그들 중 어떤 이들은 아담이 지구를 다스릴 '전능한 신'이 되었다고 믿고 있다. 한 남자가 여러 여자를 아내로 맞을 수 있고(그들은 예수님께 세 명의 아내가 있었다고 믿고 있다) 신이 된 남자는 자신이 좋아한 아내들을 다시 살려서는 자신만의 혹성에서 자신의 아내들과 함께 자손을 낳고 영원히 살게 된다고 믿고 있다.

잘 알려진 것들로는 크리스천 사이언스(Christian Science), 몰몬교(Latter Day Saints/Mormons), 여호와의 증인들, 수부드(Subud), 바하이(Bahai), 남묘호렌게쿄 (Soka Gakkai), 힌두 요가(Yoga), 사이언톨로지(Scientology), 초월 명상(Transcendental Meditation), 스웨덴버

그주의(Swendenborgianism)와 같은 것들이 있다. 이 책 뒤에는 좀더 많은 다양한 목록들이 실려 있으니 참고하기 바란다.

이런 이단이나 이교도들을 교단들과 혼돈하지 말라. 교단은 특정 종교의 한 영역이다. 개신교나 천주교의 모든 기독교 교단들은 기독교의 분파들이다. 하지만 기독교 교단들 중에도 자신들만의 특별한 가르침들을 강조하고 자신들의 가르침을 따르지 않는 이들을 배타적으로 대하는 이들이 있다. 이들은 자신들의 가르침을 받아들여야만 구원을 얻고 천국으로 가는 특권이 주어진다고 믿고 있다.

이들 배타적인 교단들은 일반적으로 사용되는 컬트라는 용어에는 맞지 않을지 모르지만 어떤 특수한 면의 가르침을 강조하기 때문에 결국 컬트가 되고 만다. 예를 들어 한 교단에서는 예수가 구세주이심은 믿지만 삼위 일체는 부인하며, 예수님이 곧 아버지이자 아들과 성령이라고 이야기한다. 다른 이들은 성경에 나온 특별한 방법으로 물세례를 받아야만 구원을 얻을 수 있다고 주장한다. 다른 이들은 모든 사람들이 특정 권위에 완전히 복종해야 한다고 이야기하고, 또한 토요일은 안식일로 지켜야만 첫 번째 부활에 참여할 수 있다고 한다.

이들 배타적인 교단들의 문제는 자신들이 그 가르침을 고수하는 데 있는 것이 아니라 모든 사람들이 그 가르침을 따라야 한다고 하는 데 있다. 만일 이러한 곳에 소속되어 있거나 그러한 적이 있다면 성경의 보편적인 가르침을 거스리는 것은 어떤 것이라도 제거해야만 한다.

현대 컬트들 외에 오래된 종교들이 있다. 불교, 힌두교, 이슬람, 도교(Taoism)와 같은 것들이다. 이러한 종교들은 하와이인들, 미국 인디언, 에스키모나 그 외 다른 문화적인 것들을 담고 있다. 각각의 전통들을 존중해야 하지만 만일 특정 민족이나 종족의 종교가 참 하나님의 말씀과 뜻을 거스른다면 이러한 것들도 모두 끊어야만 하는 것들이다. 이는 인종주의가 아니다. 예수님의 진리는 종족이나 국적과는 아무런 상관이 없다. 불행히도, 기독교가 마치 백인의 종교인 것처럼 종종 여겨지는데, 이상한 일이 아닐 수 없다. 왜냐하면 예수님은 유럽인이 아니라 중동 사람이었기 때문이다. 오늘날의 세상을 보면 기독교가 비백인들 사이에서 더 빨리 성장하고 있는 것처럼 보인다.

보통 이방 종교들은 악마적인 영들을 숭배하는 것과 관련이 있고 이러한 것들은 가끔씩 시도된 적은 있지만 기독교와 혼합될 수 없는 것들이다. 해외에서는 이러한 종교들을 자주 접하게 된다. 미국에서는 당신이나 사람들이 이야기하는 것들과 같이 고대 종교적인 배경에서 자란 사람들은 흔하지 않다. 하지만 미국 인디언이나, 에스키모 혹은 하와이인이나 종족 교회 사람들에서는 그런 경우가 아주 많다.

미국에서 고대 종교들로 돌아가는 사람들의 수가 계속해서 늘어나고 있다. 특히 연예계에서 활동하는 사람들이나 특정 인종 집단에서 그러한데 이슬람, 힌두교 혹은 불교, 민속 신앙과 같은 것들이다. 어떤 곳들에서는 옛날에 행해지던 축제나 우상들을 되살려서는 고대의 신이나 여신들을 숭배하고 있다. 이단들과 마찬가지로 이런 역사적인 비기독교적인 종교들에 참여한 적이 있다면 이 또한 완전히 버려야 한다.

유대교는 특별한 경우이다. 물론 유대교는 이방 종교가 아니다. 오히려 기독교의 꽃이 성장한 뿌리를 두고 있는 곳이다. 하지만 분명히 해야 할 것은 함께 한 사람이 유대교 사람이었다면 그가 주 예수를 메시아로 영접했는지, 또한 그렇게 해서 '완전히 유대인'이 되었는지, 또한 구약의 율법이 아니라 예수님을 믿는 믿음으로 구원을 받아들였는지를 확인해야 한다.

사람들 중에는 때론 칼 융(Carl Jung)이나 데카르트(Teilhard de Chardin)와 같은 사람들의 철학이나 심리학적인 체계에 마치 그것이 종교인 것처럼 헌신한다. 이러한 사람들의 가르침들은 분명한 개념을 담고 있지만 우리는 예수님의 제자이지 그 어떤 인간의 제자가 아니며, 우리에게 주어진 진리의 근원은 성경이다. 만일 이러한 학문적인 체제에 자신을 의탁한 사람이 있다면 이 또한 그러한 관계들을 끊어야만 한다.

당신이 삶에 있어 단 한순간이라도 컬트나, 이방 종교에 관련된 적이 있다면 성령의 자유케 해드리는 기도를 드리기 전에 반드시 그 모든 관계를 끊어야만 한다. 만일 그러한 이단이나 종교들의 신앙을 포기한지 오래 되었을 지라도 마찬가지다. 특히 이러한 것들로부터 오는 모든 영향들을 완전히 자신으로부터 제거해야만 한다. 그렇게 하지 않는다면, 성령님으로 당신의 혼과 몸을 채우시도록 할 때, 내적인 전투를 겪게 될 것이고 그로 인해 눌림과 괴로움을 겪게 되고 괴상한 행동을 하게 될 것이다. 심한 경우 처음에 겪었던 것보다 더욱 심한 파멸을 겪게 될 것이다. 이러한 것들은 자신을 괴롭게 할 뿐만 아니라 당신을 지켜보는 사람들을 당황하게 만들고 혼란스럽게 할 것이다. 결국 성령께서 승리하시고 혼란은 사라지겠지만, 왜 굳이 그러한 길을 자처해서 가겠는가? 기도하기 전에 이러한 문제들을 해결하라.

신비주의 (The Occult)

나머지 하나는 신비주의 이다.

독심술(텔레파시), 초감각(Extrasensory perception: ESP), 투시력('예지력'), 염력, 점성술, 점(사주)과 차 잎이나 손금 보는 것, 혹은 수정 구슬들, 점치는 판 등으로 행해지는 모든 종류의 점을 보는 것들과 관련된 행동들을 말한다. 이러한 것들은 하나님 외에 심령술이나 심령주의 교리들로 영들과 접촉을 시도하거나 초자연적인 현상에 관여하는 것들이다.

신비주의란 말은 숨겨진, 신비로운이란 뜻이다. 인간이 하나님을 배반 했을 때 사탄이 인간을 조정하기 위해 정신 세계라고 하는 자신의 어두운 영적 영역을 만들었다. 사탄은 그것을 사도 바울이 말한 "정사와 권세", "어두움의 세상 주관자들", "하늘에 있는 악한 영들" 이라고 불리는 것들로 채웠다(엡 6:12). 만일 당신이 신비주의적인 힘을 사용하려고 한다면 이 어두움의 세상과 접촉을 하게 될 것이다. 잘못된 영들에게 자신을 열어주고 당신의 혼을 억압하고 괴롭히게 할 것이다. 어두움이 당신의 마음과 감정에 들어오는 성령의 사역을 방해하고 반대하는 생각과 느낌들을 줄 것이다. 어린 시절부터 지금까지 한번이라도 이러한 것들에 참여한 적이 있다면 반듯이 그것을 끊어버려야만 한다.

지금 이곳에서 이단들과 신비주의들에 대해 설명한다는 것은 불가능한 일이다. 내가 하고 있는 이야기들을 이해하는 데 어려움이 있거나 받아들일 수 없다면 더욱더 조사하고 이러한 이단이나 신비주의를 끊어버릴 준비가 되기 전까지 성령 세례를 받기 위해 기도하지 말라. 이단 종파에서 가르치는 것들과 성령의 능력을 혼합 하는 것은 정신적, 영적으로 매우 위험한 일이다. 그러한 이단이나 신비주의자들도 자신들이 사용하는 악마적인 힘이 있기 때문이다. 악마의 초자연적인 영역에 참여하면서 동시에 하나님의 성령의 힘을 얻으려고 하는 것은 위험한 일이다. 이것은 자신의 영혼을 전쟁터로 해서 빛과 어두움을 불러 들여 전쟁을 하게 하는 것과 같다. 만일 정확히 어떻게 참여했는지를 기억할 수 없다면 그러한 것들을 위해서 기도하고 하나님께 자신이 기억하지 못하는 것들까지도 올려드리도록 하라.

또한, 당신의 부모나, 조부모, 혹은 그 윗대의 부모님들이 이러한 신비주의에 참여한 적이 있다면, 당신에게 영향을 미칠 수 있는 어떤 종류의 것들도 끊어버려야 한다. 당신과 이전 세대에 있는 모든 잘못된 것들 위에 예수 그리스도의 십자가와 그분의 보혈을 놓도록 하자.

시간이 흐르면서, 치유 받아야 하지만 잊어버린 것들이 기억날 것이다. 만일 그렇게 된다면, 그때마다 그곳에서 기억나는 것들을 끊어버리기 위해 오늘 사용하는 기도를 사용하도록 하자. [참조란에 이단들과 이방 종교들, 일반적으로 행해지는 신비주의 의식들이 있다. 만일 OHP가 활용 가능하면 그것들을 보여주도록 하자. 상황이 허락지 않는다면 복사를 해서 나눠주도록 한다.]

거짓 가르침들을 끊어버리기 위해 어떻게 기도할 것인가?

다시 한번 눈을 감고 아무도 자신이 드러난 느낌이 들지 않도록 합시다. 이제 만일 자신이 이단이나 신비주의와 같이 끊어져야 할 것들에 참여한 기억이 난다면 손을 들기 바랍니다. 당신을 당황스럽게 하지 않을 것이니 절대 주저하지 않기를 바랍니다. [이때쯤이면 보통 많은 사람들이 손을 들 것이다.]

정확한 내용들을 기억하든 못하든 다 함께 이 기도를 드리도록 합시다.

아버지 하나님, 만일 당신의 뜻과 말씀에 반대되는 가르침이나 행동들을 믿고 받아들이고 배우고 참여한 적이 있고 그것으로 당신을 근심시켜 드린 적이 있다면, 이 모든 것을 진심으로 뉘우치며 예수 그리스도의 이름으로 용서를 구합니다. 특별히 다음과 같은 내용들을 기억합니다.

　이제 주저하지 말고 당신의 삶에서 끊어지고 제거 되어야 할 것들을 주님께 말씀 드리도록 하자. 만일 당신의 삶의 어느 때이든 이러한 이단이나 신비주의에 참여했던 것이 기억난다면 그것이 무엇인지 하나님께 말씀 드리도록 하자.
　[여기서 잠시 멈추고 각자 자신들이 개인적으로 기도할 수 있도록 한다. 그런 다음 기도를 계속한다.]

　예수 그리스도의 이름과 그분의 귀하신 보혈로 이 모든 것들을 끊습니다. 주님, 당신의 도움으로 저는 당신께 더 이상 그것들과 관여하지 않을 것을 약속합니다. 예수의 이름으로 그것들을 묶고 제 삶 밖으로 내어 버리니 다시는 돌아오지 말지어다.
　만일 이러한 것들과 관련된 영들이 있다면 예수의 이름으로 묶노라. 예수의 이름과 그 귀하신 보혈로 너희를 내 삶 밖으로 모두 버리노니 다시는 돌아오지 말지어다. 아멘.
　[이제 인도하는 자가 다음의 기도를 모두를 위해 기도하도록 하자.]

　아버지 하나님, 만일 저희의 이 기도로 저희의 삶에서 쫓겨난 것들이 있다면, 이제 그곳을 성령으로 채워 주시옵소서. 예수님의 이름으로 기도 드립니다. 아멘.

# 6장
계속해 나가기 전에

A PAUSE FOR REDEPLOYMENT
[이 짧은 장은 인도자를 위한 것이다.]

이제 사람들로 자신을 다시금 정리할 수 있는 시간을 준다. 그렇게 함으로 당신이 성령 세례를 받기 원하는 사람들에게 좀더 쉽게 다가가서 돕고 격려할 수 있게 된다. 기도하기 원하는 사람들로 손을 들도록 요청하자. 모인 사람의 수가 적거나 혹은 앉은 자리에서 쉽게 움직일 수 있다면, 성령 세례를 받기 원하는 사람을 앞으로 나오게 하고 필요하다면 의자도 함께 가지고 나오게 한다.

만일 교회나 강당처럼 고정된 좌석이라면 손을 든 사람들을 위해 얼마만큼의 좌석이 필요한지를 계산하고, 돕는 사람들이 어려움 없이 그들 사이를 다니며 기도할 수 있도록 한 줄씩 띄어 앉게 한다. 그런 다음 앞쪽에 앉아 있는 사람들 중 손을 들지 않은 이들에게 뒤쪽으로 옮기도록 양해를 구하여 손을 든 사람들이 모두 앞쪽에 앉을 수 있는 공간을 확보하도록 한다. 쉽게 말해서 성령 세례를 받기를 원하는 사람들이 첫 번째, 세 번째, 다섯 번째, 이런 식으로 한 줄씩 건너 앉게 하고 공간을 만들라는 뜻이다.

사람들에게 무릎을 꿇도록 해야 하는가? 만일 어떤 교회들처럼 방석이 마련되어 있고, 사람들이 원한다면 물론 그렇게 해도 좋다. 만일 사람들로 앞으로 나와 강단 앞에 무릎을 꿇게 하는 것이 그 교회의 관례라면 그렇게 하는 것도 괜찮다. 하지만 많은 이들이 그렇게 하는 것처럼 의자의 자리 쪽으로 머리를 두고 무릎을 꿇어야 하기 때문에 앞쪽으로 등을 보이게 된다면 그것은 권하지 않는 바이다. 개인적으로 기도할 때는 상관이 없지만, 사람들과 이야기를 하거나 기도하는 데는 굉장히 어색한 모습이다.

심지어 내가 속한 교단에서는 교회에서 무릎을 꿇고 기도하는 것이 일반적임에도, 나는 사실 자리에 앉아 있는 것이 성령을 받는 가장 좋은 자세라고 믿고 있다. 물론 그것은 성경에 있는 모습에서 얻은 것으로 사도행전 2장 2절에 오순절 성령이 임하셨을 때 "저희 앉은 온 집에 가득하며"라고 기록하고 있다. 앉아 있으면 긴장이 풀어지기 때문이다. 또한 당신은 사람들이 편안함을 느끼길 원할 것이다. 결국 모든 사람들이 가장 편안함을 느끼게 하는 자세를 갖게 하라.

자리 정돈이 모두 끝난 후, 한두 곡의 찬양을 부름으로 사람들로 다시금 집중케 한 후 계속해 가도록 하자.

7장
성령님을 자유롭게 해드리는 것을 어떻게 받을 것인가

HOW TO RECEIVE THE RELEASE OF THE HOLY SPIRIT

당신이 성령 세례를 받게 될 것임을 기억하라. 받는 것은 당신이 해야 할 일이다. 내가 당신에게 5천 원짜리 지폐를 준다고 해도 당신이 그것을 받지 않는다면 내가 할 수 있는 일은 아무것도 없다. 내가 준 5천 원을 내가 대신 받을 수 없고 오직 주는 것만이 내가 할 수 있는 일이다. 당신이 그것을 받아들여야만 한다. 성령도 마찬가지이다. 하나님께서는 당신이 예수를 영접했을 때 당신에게 성령을 주셨다. 하나님께서는 성령을 다시 한번 주실 수 없다. 이제 이미 당신에게 주어진 은사를 받아들여야만 한다.

[이러한 것들을 직접 보여주기 위해 누군가에게 5천 원짜리를 건네며 아무리 누군가에게 돈을 준다고 해도 그 사람이 손을 내밀어 받아들이기 전까지는 그것을 받지 못한다는 것을 보여주도록 한다. 당신은 줄 수만 있지, 당신이 대신 그것을 받을 수는 없다.]

성령 세례는 어떻게 받는가?

어떻게 받게 되는가? 신약 성경에 사람들이 한 것과 같이 하면 된다. "성령이 말하게 하심을 따라 다른 방언으로 말하기를 시작하니라"(행

2:4). 당신에게 달리 해줄 수 있는 말은 없다. 방언으로 말하는 것은 당신의 영으로 성령께서 밖으로 넘쳐 흘러 당신의 다른 영역에 세례를 주시도록 하는 황금의 열쇠이다.

어떤 사람들은 이렇게 이야기할 것이다. "나는 믿음으로 성령을 받고 싶습니다." 만일 당신이 믿음이란 무언가를 하는 것임을 알고 있다면 그것도 괜찮다. 사실 믿음이란 하나님을 신뢰하는 것이다. 만일 베드로가 배 안에서 그저 말로만 "나는 내가 물 위로 걸을 수 있는 것을 믿어"라고 하고는 아무 일도 하지 않았다면 분명 다른 제자들은 "베드로! 만일 정말 그런 믿음이 있다면 배에서 뛰어내리고 행동으로 그 믿음을 보여봐"라고 말했을 것이다. "행함이 없는 믿음이 헛것인줄 알고자 하느냐"(약 2:20). "행함 없는 믿음은 죽은 것이다."

방언으로 말하기 위해 당신은 '배 밖으로 뛰어내려야' 한다. 그것이 믿음의 첫발을 내딛는 것이다. 베드로가 물 위로 걷기 시작한 것처럼 방언으로 말하기 시작하라. 베드로는 어린 시절부터 어떻게 걸어야 하는지를 알고 있었고 당신 또한 어린 시절부터 어떻게 말해야 하는지를 배워왔다. 베드로는 자신이 알고 있는 방법으로 예수께서 자신을 잡아 주실 것이라는 믿음을 갖고 걸었다. 당신 또한 자신이 알고 있는 방법으로 예수께서 필요한 말들을 주실 것을 믿으며 말하게 될 것이다. 방언을 말하는 것은 다른 나라 말을 하는 것처럼 분명하게 당신 자신이 하는 것이다. 하나님께서는 방언으로 말하지 않으신다. 또한 그분께서는 인형으로 말하는 것처럼 보이게 하는 복술사도 아니시고 당신 또한 벙어리 인형이 아닌 것처럼 그분은 당신으로 억지로 말하게 하지 않으실 것이다.

하나님께서는 당신을 그런 식으로 다루지 않으실 것이다. 그분께서는 당신의 자유 의지를 존중하신다. 게다가, 만일 당신이 하나님께서 당신으로 말하게 하실 때까지 기다린다면 그 또한 믿음의 행동이 아니다. 베드로는 예수께서 자기에게 오셔서 자신을 선택하신 후, 물 위를 걸으라고 하실 때까지 기다리지 않았다. 그는 베드로 자신이 무엇을 해야 하는지를 알고 있었고 그것은 바로 걸어서 예수께로 가는 것이었다. 베드로는 예수님을 믿으며 걸었고, 그렇게 해서 결국 물 위를 걷게 되었다. 만일 베드로가 믿음으로 배에서 뛰어내려 걷지 않았다면 절대 물 위를 걷지 못했을 것이다.

마찬가지로, 당신 자신이 입을 열고 말을 하기 전까지는 방언으로 말할 수 없다. 어떤 사람들은 자신이 강력한 능력으로 거꾸러져야만 방언으로 말할 수 있다고 생각한다. 권능으로 거꾸러진다는 것은 권능과 하나님의 영광에 사로잡혀 바닥에 쓰러지는 것을 말하는데, 이것은 어떤 사람이 성령을 강하게 체험할 때 일어나곤 한다. 그것은 치유를 위해 기도하거나, 성령 세례를 받게 될 때 일어난다. 하지만 치유를 받기 위해 권능으로 거꾸러지는 것 말고는 방언으로 말하기 위해 권능을 입어 거꾸러질 필요는 없다. 권능 가운데 들어가는 것은 하나님의 압도적인 사랑하심의 반응이고, 이것은 분명히 그 사람으로 성령님이 주시는 축복을 받아들이게 만들지만, 반드시 필요한 것은 아니다. 성경은 사람들이 성령으로 세례를 받았을 때 그들이 권능으로 바닥에 쓰러졌다고 말하고 있지 않다. 물론 어떤 이들은 그렇게 됐을 수도 있지만, 기록되어 있지 않고, 그렇기 때문에 따라야 할 어떤 패턴은 아닌 것이다.

성령님을 자유롭게 해드리는 것을 위해 기도하는 중에 그러한 능력 가운데 들어가는 경우가 있는데, 이러한 것들이 성령 세례를 경험하는 것으로 오해될 수 있고 또한 이런 경우 방언으로 이어지지 않을 수도 있다. 그러니 만일 성령님을 자유케 해드리는 기도를 하는 도중 쓰러지는 사람이 생긴다면 그에게 자신의 기도 언어로 기도하기 시작하도록 격려해야 하는 것을 명심하도록 하라.

당신이 소리를 내기 시작함으로 자신이 할 수 있는 말을 하는 것과 같이 방언도 똑같이 시작한다. 만일 아무런 소리도 내려고 하지 않는다면 아무런 말도 할 수 없다. 아기들은 아무런 말도 알지 못함에도 이야기하는 법을 배우기 시작하면서 단순히 소음만 만들어 내지만 결국에는 의미를 담은 말들을 만들어 내게 된다. 당신 자신이 아는 언어를 사용할 때, 당신은 자신의 머리에 저장된 말들을 사용해 목소리를 조절하게 된다. 하지만 방언으로 말할 때, 아기처럼 당신은 그저 소리만을 만들어 내는데 그것은 자신의 혀를 주관할 새로운 언어의 단어가 기억에 저장되어 있지 않기 때문이다.

하지만, 성령께서는 필요한 단어들을 제공하실 준비가 되어있으시다. 그렇기 때문에 당신이 만들어내는 소리들은 그분께서 원하시는 형태로, 그분께서 원하시는 뜻을 가지게 된다. 당신이 방언으로 말하게 될 때는 정말로 어린아이와 같이 되어야 한다. 물론 이것이 예수께서 우리로 하여금 갖게 되기 원하시는 "작은 어린아이" 모습이다(마 18:3). 방언을 하는 것이 우리에게 주는 또 다른 유익은 우리의 지적인 교만을 낮추신다는 것이다. 현대의 인간은 모든 것을 자신의 생각으로 이해하고 통제하고 싶어한다. 하지만 당신이 방언으로 말할 때는 어린아이처럼 단순하게 행동하게 되고, 자신의 영리함이 아닌 하나님을 신뢰하게 된다.

다른 한편으로, 당신이 성령께서 제공하시는 말들을 사용하지만 그 말들을 하는 것은 당신 자신이다. 그것은 한 피아니스트가 요한 세바스찬 바흐의 음악을 연주하겠다고 선택하는 것과 같다. 연주자는 바흐가 연주한 것들로 연주를 하고 바흐의 음악을 따라간다. 하지만 그것을 조절하는 것은 피아니스트 자신이고, 자신이 원하는 대로 빠르게 혹은 느리게, 크게 혹은 작게, 한 음계 높이거나 낮춰서 연주할 수 있다. 유일한 제한은 그 피아니스트가 바흐의 작품을 연주하는 동안은, 바흐가 작곡한 곡을 받아서 연주를 한다는 것이다. 선택한 곡을 연주하지 않거나 혹은 즉흥 연주를 할 수도 있지만 만일 바흐를 연주하기 원한다면 바흐의 음악을 따라야만 한다. 그렇지 않다면 완성된 음악을 연주할 수 없게 된다.

방언으로 말할 때 이러한 면들과 어느 정도 비슷한 점들이 있는데 당신은 언제든 자신이 원하는 때 시작할 수도, 멈출 수도 있다. 큰소리로, 혹은 작게 말할 수도 있고 높게, 낮게, 빠르게, 느리게 할 수도 있다. 하지만 만일 주님께서 제공하시는 언어를 사용하기 원한다면, 그분의 악보와 가사를 따라, 그분께서 제안하시는 대로 따라야만 한다. 차이점은 하나님께서는 보통 우리 앞에 그분의 악보를 활짝 펼쳐 놓지 않으시고, 매 음절마다 당신이 말할 말들을 주신다는 것을 신뢰할 것을 요구하신다는 것이다. (물론 예외도 있다. 때로는 자신의 마음에 먼저 주님께서 주시는 말들이 떠오르기도 할 것이다. 만일 이런 일이 당신에게 일어난다면, 주저하지 말고 그것들을 입으로 말하라. 때로는 칠판에 하얀 분필로 쓰여진 글씨들을 보기도 하고 또는 신호가 기록되는 테이프처럼 보이기도 할 것이다. 만일 이러한 일들이 당신에게 일어난다면, 그저 읽어 버리도록 하라.)

어쩌면 방언을 하는 꿈을 꾸었을 수도 있다. 멋진 일이다. 하지만 이제 당신은 하나님을 신뢰하고 깨어있는 동안 방언으로 말할 필요가 있다.

당신이 다른 어떤 말로 말하기 시작할 때, 먼저 소리를 만듦으로 시작을 한다. 그런 다음 그 소리들이 당신이 말하려고 하는 첫 음절을 만들게 된다. 방언으로 말할 때도 마찬가지이다. 일단 무엇이든 당신의 입술에 다다르는 소리를 입 밖으로 냄으로 시작한다. 믿음으로 내뱉는 한 음절의 말이 당신의 영을 자유롭게 할 뿐만 아니라 당신의 삶을 변화시킬 수 있다. 하지만 말을 하기 시작해야만 한다. 첫 번째 소리를 내기 시작할 때, 하나님을 신뢰하는 것이 그저 말로만이 아닌 실제로 드러나게 되는 것이고, 이것은 방언의 첫 번째 음절로 이어진다. 하나님께서 당신을 위해 준비하신 새로운 언어를 말하기 시작하게 된 것이다. 다음 음절을 계속하고, 그 뒤를 잇는 다음 음절을 계속하다 보면 하나의 완성된 언어가 흘러나오기 시작한다.

이것은 당신의 영성을 평가하는 것이 아니다. 당신이 그만두고 포기할 수 있는 그런 시험도 아니다. 단 한 가지 시험되는 것은 당신이 얼마나 자신을 억제하고 있는가이다. 영으로 말하는 것이 당신의 거룩함을 드러내는 것이 아니고 성령께서 당신 안에 거하심을 증명하는 것도 아니다. 기억하라. 만일 내가 당신 안에 성령께서 계신지를 알고 싶다면 나는 당신에게 방언을 말하는 지를 묻는 것이 아니라 "예수를 당신의 구주로 영접하셨나요?"라고 물어볼 것이다.

사도 바울이 말하는 방언으로 말하는 것, 혹은 영으로 기도하는 것은 당신 안에 성령께서 계시기 때문에 가능한 것이다. 모든 그리스도인들은 방언으로 말할 수 있고 또한 성령으로 세례를 받을 수 있다. 당신이 해야 할 것은 어린아이처럼 하나님을 신뢰하는 것이다. 성령으로 당신이 자신을 드러내는 최우선 수단인 목소리를 주장하시게 하라. 이것은 마치 당신의 집에 기꺼이 초대할 수 있는 좋은 친구를 만드는 것과 같다. 그 친구에게 당신의 전화와 심지어 차까지도 무한히 사용할 수 있도록 허락해 해주는 것이다.

사단은 이 때쯤 할 수만 있다면 두 가지 말로 당신을 시험할 것이다. 첫 번째 것은 "그게 아니야" 인데, 만일 당신 자신이 하는 말을 비판적으로 듣고, 또한 어떻게 들리고 느껴지는 지를 지켜 보면, 지금이야말로 사탄이 자신의 목적을 이루기 쉬운 때일 것이다. 사탄에게 조금도 관심을 두지 말라. 당신이 하던 것을 계속하라. 지금 하는 것이 바로 '그' 일이 아니라면 앞으로 무엇을 하게 되겠는가? 하지만 당신이 말하고 있는 것이 '그것'(방언)이다. 왜냐하면 방언으로 말하는 것은 하나님을 신뢰하고 소리를 내기 시작함으로 시작되기 때문이다. 믿음으로 내뱉는 첫 번째 음절이 바로 성령으로 말하는 것의 시작이다. 그것이 어떠한 것인지 혹은 어떻게 들리는 지는 조금도 중요하지 않다. 그것이 당신의 기도 언어의 시작이다.

사탄이 자주 사용하는 또 다른 속임수는, "이건 그냥 내가 하는 말이잖아"이다. 대답은 너무도 분명하다. "방언은 누가 하게 되어 있는가?" 기억하라. 하나님은 방언으로 말씀하지 않는다. 그분은 당신이 말하도록 인도하시기 때문에 당연히 말을 하는 것은 '당신'이다. 당신은 말을 하고, 하나님은 인도하시며 영감을 주신다. 만일 당신이 영어로 기도를 하는데 누군가 곁에 와서는 "당신이 혼자서 기도를 하고 있군요"라고 한다면 당신은 "물론이죠"라고 말하고 더 이상 신경을 쓰지 않을 것이다. 사탄이 이런 말로 시험할 때 가져야 할 태도 또한 이것이다.

말하기 시작하게 되면 그 말을 계속하라. 십 분에서 십오 분가량 계속하고 시간이 허락한다면 더 하도록 하라. 모임이 끝나고 집으로 돌아간 후에도 계속해서 방언으로 말하라. 또한 매일 가능한 한 자주 성령으로 기도하기를 계속하라.

오순절 날에, 사람들은 '성령으로 말하기 시작함'을 받았고, 지금 이 순간 내가 당신을 초대하는 것도 바로 이것이다. 우리는 당신에게 세례를 주시도록 예수께 기도할 것이고 그러면 당신은 입을 벌리고 우리가 말하고 있는 믿음의 걸음을 내디딤으로 세례를 받아야만 한다. 하나님은 그분을 신뢰하는 당신을 영화롭게 해주실 것이다.

처음에 당신이 내는 소리가 어떻게 들리는 지는 중요치 않다. 마치 베드로가 바다로 뛰어들 때 왼쪽 혹은 오른쪽 발 중 어떤 발을 먼저 내디딜 것인지는 중요하지 않은 것과 같다. 하지만 소리를 내기 시작해야만 한다. 이것이 배 밖으로 뛰어내리는 단계이다. 어떤 소리를 내게 되든, 그것을 받아들이고 계속하라.

당신이 어떻게 느끼는 지에는 조금도 관심을 두지 말라. 그 말들은 하늘 하나님께 이야기 하는 것이고 당신이 그분께 드려야 하는 일들을 그분께 이야기하는 것이다. 어떠한 영감이나 감정적으로 좋은 것을 전혀 느끼지 못할 수도 있고 기쁨의 감격으로 울거나 웃을 수도 있다. 그렇게 하라. 자신의 감정을 표현하라. 그러면서도 당신 주위에 있는 사람들을 고려하도록 하라. 당신의 열정으로 사람들을 두렵게 하지 말고 그들을 즐겁게 만들라.

처음 영으로 말을 하게 될 때 나의 경우처럼 아무것도 느끼지 못할 수도 있다. 괜찮다. 감정은 당신의 혼에 있는 것이고 성령이 그곳까지 가시는 데는 시간이 필요함을 기억하라. 거기에 대해서는 아무런 걱정도 하지 말라.

[이제 가르침을 마쳤다. 이제 사람들로 지금까지의 내용들을 따라 방언으로 말하고 성령 세례를 받도록 격려한다. 만일 누군가가 "저는 이미 성령 세례를 받았습니다. 하지만 방언으로 말하지는 못했습니다"라고 한

다면 그러한 것들에 대해 논쟁을 하느라 진행을 멈추지 말고 그들로 방언을 말하도록 강권하라. 주님이 그것이 왜 중요한지를 보이실 것이다. 이때 누군가 더 많은 설명을 요구하면 모인 사람들과 떨어져서 이야기하도록 하고 이것으로 인해 다른 이들을 산만하게 만드는 일은 없도록 한다.]

8장
도울 사람들을 훈련시키기

TRAINING PEOPLE TO HELP YOU

[모임을 인도하는 당신에게 주는 내용이다.]

기도를 해야 하는 시간이 되었을 때 도울 사람들이 함께 하는 것은 매우 중요하다. 특히 모인 사람들의 수가 많을 때는 더욱 그렇다. 하지만 지혜롭게 준비해야만 한다. 그렇지 않다면 도움보다는 해가 될 것이다. 가능하다면 이 사람들을 준비시키는 시간을 먼저 갖는 것이 좋다. 어떠한 경우에든, 당신이 사람들을 가르치는 것을 들어왔고 또한 당신이 사용하는 방법들에 친숙한 사람들 외에는 기도로 돕는 일에 참여시키지 말라. 당연히 성령 세례를 받지 못한 사람들 또한 함께 기도해서는 안 된다. 당신과 당신을 돕는 사람들이 자신만의 기도 언어를 자유롭게 사용하는지를 확인하라. 당신이 방언으로 말하는 것만큼 그들이 방언을 하는 것은 사람들에게 큰 격려가 된다.

아무나 와서 돕지 않도록 주의 하라. 만일 그렇게 아무나 와서 돕도록 한다면, 효과적이지 못한 전통적인 방법을 사용하는 사람들이 기도에 참여하게 될 수도 있다. 그러한 이들은 사람들을 자극해서는 시끄러운 소음을 만들어내야 하는 것처럼 느끼게 할 것이다. 사람들에게 "내 방언을 따라 하세요"라고 말하는 사람이나, 특정한 말들을 따라 하도록 시키거나, 중언부언 하게 하고 머리만 쥐어짜게 하는 사람이 들어올 수도 있다. 뿐만 아니라, 20년 동안 성령 세례를 구해온 불쌍한 노인 존의 친구들과 같은 이들이 들어올 수도 있다. 그 친구들은 존을 도와왔지만, 정작 존에게 필요한 것은 그러한 좋은 의도만으로 섬김을 주는 똑같은 친구들에게서 벗어나는 것들이었다.

요점 (THE MAIN POINTS)

당신을 돕는 이들이 알아야 할 중요한 것들이 있다. 이것들은 사람들과 함께 기도하면서 당신에게도 동일하게 적용되는 것이다.

기도하는 사람들이 당신을 보고, 듣고 또한 당신이 쉽고 자연스럽게 사람들에게 이야기할 수 있도록 앞쪽에 서도록 한다. 절대 뒤에 서지 말라. 거의 아무런 효과가 없게 된다. 부드럽게 사람들의 어깨나 머리 위에 손을 얹는다. 당신 자신의 기도 언어로 크게 기도하라. 이러한 것들이 성령님으로 당신에게 올바른 기도를 하도록 하게 하실 뿐 아니라, 함께 기도 하는 형제 혹은 자매에게 기도에 참여할 수 있는 동기를 부여할 것이다. 형제 혹은 자매가 방언으로 기도하기 시작하면, 그 소리가 아무리 작게 들릴 지라도, 혹은 그저 입술만 움직이는 것을 보게 되더라도 이렇게 이야기를 해주도록 한다. "놀라워요. 대단해요. 주님을 찬양합니다. 계속 하세요!"

사람들에게 말해야 할 것들을 직접 주거나, 당신을 따라 하도록 해서는 안 된다. 이러한 것들이 가끔은 효과가 있는 것도 사실이다. 방언을 시작하도록 하게 하기 때문이다. 하지만 나중에는 결국 문제를 일으키게 된다. 우리의 원수들은 그들이 정말로 방언을 한 것이 아니라 그저 당신을 따라 한 것이라고 속삭일 것이다. 또한 방언 하는 것을 반대하는 사람들은 방언이 그저 다른 사람들을 따라 하는 것뿐이라고 주장한다.

이러한 모습으로 그들에게 좋지 못한 인상을 줄 필요는 없다.

사람들이 방언 말하기를 시작하지 않는 가장 일반적인 이유는 소리 내기를 주저하기 때문이다. 시작하도록 설득하는 노력을 하라. 그저 '오'나 '아' 같은 한숨 소리나 신음소리라도 좋다. 성경에 "네 입을 넓게 열라 내가 채우리라"(시 81:10), "온 땅이여 하나님께 즐거이 부를지어다"(시 100:1)라고 기록된 것을 강조하라. 자신들이 소리를 내기 시작해야 한다고 생각하게 되면 보통 방언을 하기 시작한다. 너무 흥분하거나 시끄럽게 소리를 내도록 하지는 말아야 하지만 자신들의 소리를 들을 수 있을 만큼 크게 소리 내게 하라. 방언을 말하기 전에 자신들의 모국어나 혹은 그 외 익숙한 다른 언어들을 사용하지 말아야 함을 확실히 주지시키도록 하자. 한번에 두 개의 언어를 말할 수는 없는 법이다. 성령께서 주시는 기도와 자신의 머리에서 나오는 기도를 동시에 사용할 수는 없다. 물론 교대로 할 수는 있다(고전 14:15).

만일 상당한 시간이 지났음에도 입을 열어 말 하려고 하지 않거나 할 수 없는 사람이 있더라도 절대 그들을 괴롭게 하지 말라. 소위 말하는 '안찰'과 같은 행동을 해서는 안 된다. 그저 "원하는 대로 할 수 없어서 부끄럽게 느낄지도 모르겠군요. 괜찮습니다"라고만 말해주도록 하라. 집으로 가서도 계속해서 영으로 기도하기를 연습하도록 격려하라. 사람들은 종종 자신이 무언가 다른 일을 하고 있는 상황에서 영으로 말하기를 시작하는 경우가 있다. 예를 들어 샤워하거나, 진공 청소기로 양탄자를 청소하거나, 차를 운전할 때 등이다. 그들 안에 성령께서 이미 거하고 있는 사실을 일깨워 주도록 하라. 그들은 성령님으로 자신들의 말을 이끌도록 해드리는 데 어려움을 겪고 있을 뿐이다.

때로는 아무런 이유 없이 당신이 한 말과는 상관없이 영어(혹은 자신의 모국어)로만 말하거나 아무 말도 하지 않으며 고집을 부리는 사람이 있을 수도 있다. 하나님께서 그들에게 친히 말씀하셔야 한다. 그런 사람들은 "이런 육체적인 방법이 아니라 주님으로부터 오는 방법으로 하고 싶습니다"라고 말할 것이다. 그들에게 "만일 지금 하는 것이 '육체적인' 일이라면 하나님을 믿지 않고 자신의 방법으로 한다는 뜻입니다. 믿음으로 한발을 내딛고 하나님께서 당신으로 방언을 말하게 하시도록 신뢰하면 그것이야말로 '육체적인' 일의 반대인 것입니다. 육체는 믿음으로 행하기를 원치 않습니다. 뭔가 증명된 것을 원합니다. 하나님께서 당신에게 말을 하도록 하게 하시는 것은 '육체 안에서' 그분이 운행 하시는 것입니다"라고 말해주어라.

이러한 사람들은 성경이 말하고 있는 내용을 아직 이해하지 못하기 때문에 문제를 겪고 있는 이들일 것이다. 만일 이러한 것들이 확실하다면 일단 중지하고 이들에게 집으로 가서 「성령님과 당신(The Holy Spirit and You)」을 읽도록 조심스럽게 권하라. 특히 성령 세례를 받기 위한 준비와 성령세례를 받는 부분을 읽도록 격려하라.

때로는 형제, 혹은 자매(이 경우 형제의 경우도 있겠지만 주로 자매의 경우가 그렇다) 가운데 너무 긴장을 해온 상태였기 때문에 그 긴장이 풀리지 않아 어려움을 겪는 사람이 있을 수 있다. 최근에 앓은 심각한 질병이나, 친한 사람의 질병이나 죽음, 이혼, 실직 혹은 그 외 매우 스트레스를 주는 상황들로 인해 오랜 기간 동안 자신을 억제해 왔기 때문에 그러한 것들을 버리지 못하고 입을 열지 못하는 것이다. 지금까지 참아온 감정을 통제하지 못하고 튀어나올 것을 두려워하기 때문이다. 성령께서 그러한 자매의 감정들을 만지실 때 이런 비슷한 반응들이 나타난다. 눈물을 흘리기 시작할 수도 있다. 하지만 정확히 그녀에게 필요한 것이니

눈물을 흘리도록 내버려 두도록 하라. 큰 소리를 내며 너무 심하게 흐느끼면 그녀의 머리에 손을 얹고 조용히 이렇게 말하도록 하자. "자, 이제 진정하도록 하세요. 눈물을 흘리는 것은 전혀 잘못된 것이 아닙니다. 성령님이야말로 세계에서 가장 위대한 치료사이시니 두려워 말고 그대로 내버려 두세요. 만일 한 양동이만큼의 눈물이 필요할 만큼 울어야 한다면 그것이야말로 당신이 필요로 하던 것입니다."

만일 이러한 사람이 현재 성령 세례를 강하게 믿지 않는 교회에 속해 있거나 전에 그러했으며, 그러한 가르침을 받았었다면, 지금 성령 세례를 위해 왔다고 할지라도 잠재적인 두려움들로 인해 여전히 문제가 될 것이다. 그러한 사람은 옆으로 따로 불러 이야기를 나누고, 두려움과 불신의 영을 대적하는 기도를 드리도록 하라. 이 책의 10장의 '질문들과 문제들'에서 도움이 될만한 생각들을 찾을 수 있을 것이다.

매우 시끄럽게 표현하는 사람이 있을 것이다. 만일 이러한 것들이 다른 사람에게 방해가 된다면, 그 사람에게 다가가서 머리나 어깨에 손을 얹고 이렇게 말하도록 하라. "자, 이제 조금 진정하고 평안한 마음을 갖도록 하세요." 거의 즉각적으로 잠잠하게 될 것이다.

웃음을 터뜨리는 사람도 있을 것이다. 너무도 멋진 일이고 보통 아무런 문제가 되지 않는다. 사실, 성령께서 주신 웃음은 매우 전염성이 강해서 다른 사람을 평안케 하고 주님을 즐거워하는 것을 돕는다. 물론 너무 시끄럽거나 바보 같이 보여서는 안 되며 만일 그렇다면 부드럽게 조금 잠잠해 지도록 이야기하면 그렇게 될 것이다. 사람들이 가끔씩 자제력을 잃은 것처럼 보이거나 들릴 수도 있지만 보통은 그렇지 않다.

어떠한 반응을 보이던지 사람들은 성령의 실재를 보여줄 것이고, 자신들이 그렇게 하고 있음을 느끼지 못할 지라도 사실 주어진 은사를 조절하고 자기 자신을 통제할 수 있다. 만일 너무도 웃긴 일이 당신에게 일어나서 정말로 크게 웃고 싶더라도 만일 상황이 그러하다면 당신은 자기 자신을 통제할 수 있다. 만일 장례식장에 있다면 아무리 웃긴 일이 벌어져도 절대 웃지 않을 것이다. 만일 수업 시간에 너무도 즐거운 일이 일어나면 웃음을 참지 못하고 터트릴 것이다. 하지만 교수님이 "제발 자제해 주세요. 수업을 방해하고 있습니다"라고 한다면 그렇게 할 수 있을 것이다.

사람들이 하나님에 대해 흥분하는 것은 너무도 당연한 일이다. 축구 경기장에서 만일 누군가가 무거운 침묵 가운데 앉아있다면 그것은 매우 이상한 모습일 것이다(물론 그 사람이 응원하는 팀이 완전히 패배했을 경우만 빼고). 하나님은 그 어떤 경기보다 우리를 흥분시키시는 분이시다.

만일 누군가가 정말로 선을 넘은 듯한 느낌을 받는다면 그에게 단호히 하라. 만일 그가 정말로 화가 난 것처럼 보인다면 따로 불러내서 이야기를 나누라. (당신이 직접 하거나 다른 훈련된 사람을 시키도록 하라.) 무엇이 잘못되었는지 확인하고 그것을 위해 기도하라. 만일 이단이나 신비주의에 관련된 것들이 다루어졌다면 그 사람에게는 혼과 내적인 치유가 필요하고 성령 안에서 앞으로의 것들을 계속하기 전에 그러한 것들에 대해 이야기하도록 되어야 한다. 물론 구원에 대한 필요가 있을 수 있는데 이 또한 영혼 치료의 한 과정이 될 수 있다. (더 깊은 내용들은 10장에 '질문들과 문제들'을 참조 하도록 하자.)

9장
성령 세례를 위한 기도

PRAYER FOR THE BAPTISM IN THE HOLY SPIRIT

[사람들이 준비되었다고 느끼면, 다음과 같은 기도를 드리도록 한다.]
　아버지, 예수님의 보혈의 보호하심을 구하나이다. 당신의 천사를 보내사 우리 곁에 서게 하시고 모든 두려움과 의심과 혼란의 영들을 몰아내 주시옵소서.
　성령님, 이곳에 모인 당신의 백성들에게 새로운 오순절의 역사를 주시옵소서. 주님 되신 아버지와 아들과 성령님을 찬양합니다.

　모두 다음과 같은 기도를 드리도록 하자.

　주 예수님, 주님을 저에게 세례 주시는 분으로 초청합니다. 예수님, 당신을 모십니다. 주님께서 제게 주신 새로운 언어를 받아들입니다. 그것을 자유롭게 풀어놓도록 도와주시옵소서.

　이제, 어린아이가 말을 하기 시작하는 것과 같이, 당신의 입에서 나오는 첫 소리를 입 밖으로 내도록 하자. 자신의 소리에 귀를 기울이지도 말고 그저 소리를 내도록 하라. 마음과 생각을 오직 주님께만 고정시킨다. 주님께 말하라. 어린아이처럼 입에서 나오는 음절들을 주님께 드리라. 소리를 내기 시작한 다음 계속 하도록 한다. 한국말이나 그 외 자신에게 익숙한 언어를 사용하지 않도록 한다. 당신은 한꺼번에 두 개의 말을 할 수 없다. 어떤 종류의 의심에도 신경 쓰지 말고 계속 말을 하도록 한다. 자신이 어떻게 느끼거나 어떻게 들리는지는 걱정하지 말고 그저 하나님께서 주신 새로운 말들로 하나님께만 이야기하라. 당신은 하늘의 하나님께 말하고 있는 것이다. 그분께 말씀 드려야 할 것들을 이야기하라.

[이때 돕는 이들에게 사람들 사이를 다니며 성령으로 기도하기 시작하도록 격려하고 돕도록 요청하라.]

만일 당신이 원한다면 찬양을 해도 좋다. 이것이 사도 바울이 말한 '영으로 하는 찬양'이다. 어떤 사람들은 새로운 기도 언어로 기도를 하는 것보다 찬양을 하는 것이 쉬울 수도 있다. 때로는 말을 할 수 없을 때 찬양을 함으로 자유 함을 얻게 된다. 성령님으로 당신의 말을 인도하시게 하라. 또한 곡을 주시도록 하라. 간단한 음으로 시작할 수도 있고 한 음으로 된 노래일 수도 있다. 잠시 찬양을 한 후, 다시 한번 영으로 기도하도록 하라.

[모임을 마칠 시간이 되었을 때, 모든 사람들로 일어나서 다 함께 방언으로 기도하도록 하자. 다 함께 영으로 찬양을 하는 것도 좋다. 그런 다음 찬양을 멈추고 말하기를 다시 하라. 이러한 과정을 한두 번 정도 반복할 수도 있다. 찬양과 방언 기도하기를 오고 가는 것이 어떤 사람들에게는

큰 도움이 되기도 한다. 모임 장소를 빨리 비워줘야 하는 것이 아니라면 사람들로 더 남아서 원하는 만큼 기도하도록 격려하라.

사람들에게 집으로 가는 길과 잠자리에 들 때, 아침에 일어나서도 계속 기도하라고 하라. 차를 운전할 때나 집 근처에서 일을 할 때도 기도하도록 격려하라. 잠시 쉬는 시간에 영으로 기도할 수 있는 곳을 찾아서 기도하라고 하고, 그런 곳을 찾을 수 없으면 파일들을 들여다보는 등의 일을 하는 중에도 조용하게 영으로 기도하라고 하라. 다른 사람들을 위해 방언으로 기도하고 특별한 필요가 있을 때마다 방언으로 기도할 것을 상기시키도록 하라.

사람들과 함께 기도하기 위해 자신을 준비시키는 기도를 하는 이들을 격려하는 것을 잊지 말자. 그렇게 함으로 성령 안에서 새롭게 하심이 세상으로 끊임없이 흘러나갈 것이다.]

10장
질문들과 문제들
QUESTIONS AND PROBLEMS
[모임을 인도하는 당신에게만 전하는 내용이다.]

질문에 대한 답을 얻은 사람들이 더 많아진다면, 더 많은 사람들이 쉽게 영접 할 것이다. 그러므로 사람들에게 그들의 질문이 언제든지 받아들여짐을 알게 하라. 질문을 하는 시간이 너무 길어지게 하지 말라. 물론 질문들이 성령으로 세례 주심에 대한 것이 되도록 해야 한다. 다음은 당신이 받을 수 있는 질문들이다.

꼭 방언을 해야만 하는 것인가?

어떤 사람은 이렇게 말할 것이다. "당신이 성령으로 세례를 받을 때 꼭 방언을 말해야 하는 것은 아닙니다. 방언은 은사 중 하나일 뿐입니다. 또한 각자에게 주어지는 은사도 다릅니다. 당신이 방언의 은사를 받을 수도 있고, 치유 혹은 그외 다른 은사들을 받을 수도 있습니다."

물론 이 말은 사람들이 방언의 은사와 기도 언어의 차이점을 정확히 파악하지 못하고 있음을 의미한다. 우리는 이 내용을 3장에서 살펴보았다. 만일 사람들이 이러한 질문들을 계속한다면 그들에게 이 책의 3장과 「성령과 당신」을 읽도록 권하라.

방언에까지는 이르지 못한 사람들

누군가 이렇게 말할 수도 있다. "저는 성령 세례를 위해 기도했고 그것을 받았음을 알고 있습니다. 방언을 말하지는 못했지만 정말 멋진 기분이 들었습니다."

이것이 무슨 뜻인가? 이 사람이 성령 세례를 받은 것인가? 그렇다면 기억하자. 만일 그가 예수님을 영접했다면 성령께서는 그 안에 계신 것이고, 그 사람이 기도할 때 성령께서는 그 안에서 운행하시고 그렇게 해서 그 사람이 성령님을 더욱 느끼게 된다. 주님을 찬양하라. 하지만 만일 그가 많은 사람들이 그렇게 하는 것처럼 거기서 멈추고 "나는 분명히 그분의 임재하심을 느꼈으니" 혹은 "성경에 대한 새로운 관심이 생겼으니" 또는 "다른 이들에게 복음을 전할 새로운 소망이 생겼으니", "성령으로 세례를 받은 것이 분명해"라고 말하고는 방언을 말하기 위해 계속하지 않으면, 그 사람은 하나님께서 그에게 원하시는 자유와 의식의 수준에 이르지 못한 것이고, 아마도 그가 받은 자유를 계속해서 누리지 못할 것이다. 아직 완전하게 성령님을 자유롭게 해드리지 못한 것이다. 그렇게 하기 위해서는 주님께서 그의 목소리를 주관하시도록 기꺼이 내어 드려야만 한다.

사람들은 다른 경험들로 방언 하는 것을 대신하려고 할 것이다. 하지만 그 자체가 우리의 목소리를 주님께 드려야 하는 것의 중요성을 증명해주고 있는 것이다. 우리는 그렇게 하고 싶어하지 않는다. 왜냐하면 우리의 목소리는 우리 자신을 표현하는 최고의 수단이고 그렇기 때문에 우리의 독립성을 나타내는 전초 기지이기 때문이다. 다른 사람, 심지어 하나님께 우리의 목소리를 조정하도록 하는 것은 진정한 항복을 나타내는 행동인 것이다. 그렇기 때문에 우리가 저항하는 것이고, 무언가로 그 자리를 대신하기 원하는 것이다.

오순절날 사도 베드로가 말한 내용을 기억해 보자. "나는 방언으로 말할 필요가 없다. 그럼에도 전에 물 위를 걸었다."

예를 들어 어떤 사람이 환상을 보았고, 또 다른 사람이 치유의 경험을 얻었다. 다른 사람은 성령의 어루만지심을 느낄 때 감동을 받아 많은 눈물을 흘린다. 이러한 것은 분명히 거룩하게 웃는 사람들처럼 성령의 증거하심이다. 임재하심의 증거가 눈물이고, 웃음이며, 치유 혹은 기적일 것이다. 하지만 그들은 여전히 방언을 말함으로 얻어지는 축복을 위해 방언으로 말을 해야만 한다. 방언은 특별한 역할을 한다. 다른 은사들처럼 선택적인 '은사'가 아닌 것이다. 그러니 다른 은사로 그 자리를 대신하려고 하지 말라. 방언으로 말하는 것은 정말로 놀라운 일이다.

컬트와 신비주의

당신은 아마도 컬트와 신비주의를 제거하는 것에 대해 더 많은 질문을 받게 될 것이다. 당신이 언급하지 않은 예들을 상기시켜 주는 사람이 있을 수 있고, 당신이 이야기한 것들에 대해 도전해 오는 사람도 있을 것이다. "크리스천 사이언스(Christian Science)에는 잘못된 것이 없는 것 같은데요. 제 할머니는 독실한 크리스천 사이언스 신자입니다"라던가 "제 사업 파트너 중에는 몰몬교도가 있는데 매우 수준 높은 청결한 삶을 살고 있는데 왜 몰몬교가 잘못됐다고 하는 거죠?"라고 말하는 사람들이 있을 것이다.

만일 이런 일이 벌어진다면 그들과 논쟁을 벌이지 말라. 만일 그 사람 스스로가 이단에 관련되어 있지 않고 다른 사람의 종교를 받아들이지 못하는 것으로 이해하는 것이라면 "지금은 조금 더 자세히 설명할 시간이 없지만 모임이 끝난 후에 이야기를 나눌 수 있다면 그것에 대한 책들을 추천해 드리도록 하겠습니다. 분명 당신이 그 사업 파트너(혹은 할머니) 또한 무엇이 잘못됐는지 이해하도록 도울 수 있을 것입니다"라고 말해 주도록 하라.

한편, 그렇게 말하는 사람이 현재 이단에 속해 있거나 전에 그러한 적이 있고 그 잘못을 인정하지 않는다면, 그 사람에게 이렇게 말하도록 하자. "당신이 어떻게 느끼고 있는지 이해합니다. 당신의 기분을 상하게 했다면 용서하시기 바랍니다. 하지만 제가 말씀드리려고 한 것을 이해하기 전까지는 당신 스스로를 위해 성령 세례를 구하는 기도를 드리지 않기 바랍니다. 모임이 끝난 후에 잠시 남아 주신다면 당신에게 도움이 될 만한 책들을 추천해 드리겠습니다."

왜 그렇게 복잡한가?

"왜 이렇게까지 복잡해야 하는 것입니까? 성경에는 그저 성령을 받고 방언을 말하기 시작했다고 했는데요. 그들이 이해 할 것들에 대한 장황한 설명은 필요하지 않았어요. 또한 방언을 어떻게 해야 하는지도 들어야 할 필요가 없었습니다"라고 말하는 사람이 있을 것이다.

이에 대한 답은 다음과 같이 하도록 하자. "우리가 신약 성경에서 읽은 사람들은 자신들의 감정을 표현하는 것이 잘못된 것이라고 배우지 않았습니다. 그렇기 때문에 쉽고 자연스럽게 성령의 인도하심에 반응할 수 있었습니다. 우리들 대부분은 어린 시절부터 우리의 감정을 드러내서는 안 된다고 들어왔고, 대신 모든 것을 지적인 것들에 의지하고 '왜?' 라고 하는 이유를 알기 원하는 그런 문화에서 자라왔기 때문에 질문들과 설명들, 또한 우리가 왜 사람들에게 입을 열고 말을 하기 시작하도록 강권해야 하는지를 다루는 이유들입니다."

사도행전 10장에서 우리는 로마군 장교였던 고넬료와 그의 친구들이 얼마나 방언을 자연스럽게 시작하게 됐는지를 읽을 수 있다. 한편, 사도행전 8장에 베드로와 요한은 사마리아인들이 성령을 받기 전에 그들의 머리 위에 손을 얹고 기도를 해야만 했다. 바울 또한 사도행전 19장 1~7절에서 에베소 사람들에게 똑같은 일을 행했다.

"예수님께서도 방언을 하지 않으셨는데, 왜 내가 해야 하는 것입니까?" 예수님은 방언으로 말씀하셔야 할 필요가 없으셨다. 그분께서 다시 오실 때 우리 또한 그러할 필요가 없을 것이다. "온전한 것이 올 때에는 부분적으로 하던 것이 폐하리라"(고전 13:10). 방언으로 말하는 것은 우리가 살고 있는, 거울을 보듯이 희미한 현재를 위한 것이다. (바울이 고린도전서 13장 12절에서 사용한 헬라어 enigma는 수수께끼(puzzle)를 뜻한다.) 방언으로 말하는 것은 하나님께서 희미한 것을 꿰뚫고 그분과 직접적으로 접촉할 수 있게 하기 위해 주신 놀라운 능력이다. 예수님은 그러한 능력이 필요 없으셨다. 그분은 항상 아버지와 완벽한 관계를 갖고 있었다. 예수께서는 우리가 방언으로 말할 것을 마가복음 16장 17절에 미리 말씀하셨다. (이 부분이 마가복음의 마지막 부분 중 소실된 부분이라고 말하는 사람도 있을 것이다. 하지만 이 부분은 초대교회 때부터 우리에게 전해진 것들이고, 초대 그리스도인들의 믿음을 잘 보여주고 있는 내용이다.)

최면술 (HYPNOTISM)

사람들은 종종 최면술이 이단인지를 묻는다. 그에 대한 대답은 최면술이 무엇을 의미하느냐에 달려있다. 브리태니커백과사전에는 최면술을 다음과 같이 정의하고 있다. '환각 체험, 일그러진 기억 혹은 제안에 의해 유도된 광범위한 행동 반응에서 오는 일종의 수면 상태.' 웹스터사전에는 이렇게 정의하고 있다. '최면술사가 대상에게 건 연상 주문에 걸려서 잠자는 것과 같은 상태가 되는 것.' 이것이 사람들이 보통 최면술이란 말에 사용하는 정의이다.

한편, 어떤 사람들은 최면술이란 말은 연상 주문을 통해 누군가의 주의를 한쪽으로 몰아가는 것에 사용하기도 한다. 이러한 것은 당신 자신이나 혹은 다른 사람의 행동을 연상 주문을 통해 최면상태에 이르게 하려는 시도를 뜻한다. 기분이 우울한 친구에게 기운 내라고 말을 하는 것도 일종의 약한 최면술이지만 그것이 신비주의적인 행동은 분명히 아니다. 하지만 거의 항상, 사람들이 최면술에 대해 물을 때는 누군가가 최면술사에 의해 걸린 연상 주문으로 무의식 상태에 빠지는 것을 의미한다.

분명하게 말할 수 있는 것은 모든 최면술이 신비주의적인 행동인 것은 아니라는 것이다. 그것이 좋은 것이라고 믿지는 않는다. 하지만 의사나 치과의사가 마취제를 쓸 수 없는 환자에게 최면술을 거는 것은 신비주의적인 힘과는 아무런 상관이 없다. 한편, 누군가의 전생으로 돌아가게 하는 것으로 믿겨지는 최면술을 사용하는 것은 신비주의적인 행동이고 이와 관련된 문제들을 매우 잘 보여주고 있는 것이기도 하다.

만일 최면술사가 전생이라고 여겨지는 것들을 발견하려고 노력한다면, 그 대상은 분명 전생의 기억들, 예들 들어 시대나 장소, 사건들과 같은 것들을 갖게 되고 그것이 사실인 것처럼 받아들이게 된다. 어떻게 이런 일이 가능하겠는가? 어리석기 그지 없는 일이다. 최면에 걸린 사람은 최면술사의 주문에 개방되어 있을 뿐만 아니라, 정신세계에 있는 영들의 주문에도 열려있게 된다. 이 영들은 그에 대한 요구를 받았을 때만 정보들을 줄 수 있는 영들이며 동일한 영들이 의식에 참여한 사람들을 속이게 될 것이다. 이 영들이 최면에 걸린 사람들의 마음에 마치 실제 있는 것 같은 전생의 기억들을 심어주는 것들이고 최면술사들은 그것들을 발견하는 것이다.

이것이 최면술의 위험이다. 최면술을 행하는 사람이 아무런 해칠 의도나 신비주의적인 의도가 없을 지라도, 수동적으로 된 인간의 마음이면 어디든지 원수들은 그 허점을 찌를 준비가 되어 있다.

여러 가지 결과들이 따를 수 있다. 최면술에 걸렸던 것을 통해 한 사람의 인격이 완전히 바뀔 수도 있다. 내가 아는 사람 중에는 우울증에 걸린 사람도 있고, 신실한 크리스천 리더였지만 최면술에 빠진 이후 이상한 교리에 빠져든 사람도 있다.

나는 최면술의 영향을 완전히 끊기 전까지는 방언을 말할 수 없었던 사람도 알고 있다.

나는 사람들에게 자기 자신이 최면에 걸리는 것을 허락하거나 다른 사람에게 최면을 거는 행동을 하지 말라고 강하게 이야기하고 있다. 그들이 궁지에 빠진 상황으로 인해 연민을 느끼기는 하지만, 일반적인 마취제를 사용할 수 없어서 병원이나 이빨을 치료 하기 위해 최면술을 쓰는 사람들에게 그렇게 하지 말라고 하지 않을 수 없다. 왜냐하면 아무런 악의 없는 최면술이라도 문제에 문을 열어주게 될 수 있기 때문이다. 다시 한번 말하지만, 의사나 치과 의사의 의도와는 아무런 상관이 없다. 하지만 우리의 원수들은 수동적으로 된 마음의 허점을 찌를 준비가 항상 되어 있다. 다시 말해, 한편으로 자신의 주문을 걸 것이다. 만일 그 의사가 믿는 사람이라면, 특히 그 의사가 성령으로 세례를 받았다면, 환자는 그 의사와 솔직하게 문제에 대해 이야기를 나눠야 한다.

나는 "악의 없는 의도일 지라도 만일 최면에 걸린 적이 있다면, 무엇인가가 당신의 마음에 들어올 수 있는 통로를 얻은 것이고 이것을 반드시 잘라내야 합니다. 그리고 이렇게 기도하세요. '주님, 저 자신에게 최면을 걸도록 허락한 것을 인해 죄송합니다. 저를 용서해 주시옵소서. 당신의 용서를 받아들입니다. 제가 최면에 걸려있던 동안 무엇이든 잘못된 것이 제 영혼 안으로 들어왔다면 예수의 이름과 그분의 귀한 보혈로 그것을 끊고 묶으며 그와 관련된 어떤 종류의 영들도 밖으로 내어 버립니다'"라고 말해줄 것이다.

만일 이러한 설명이 질문을 한 사람에게 충분하지 않고, 자신이 최면에 걸려있을 동안 들어와서 영향을 줄 수 있는 것들을 끊으려 하지 않는다면, 최면술의 위험함을 깨닫고 그것들을 대적하는 기도를 하기 전까지 그 사람에게 성령으로 세례 받는 것을 구하는 기도를 하지 않도록 권하라.

유사 기관 / 이단들 (FRATERNAL ORGANIZATIONS)

유사 기관/이단들에 관련된 질문들을 받게 될 것이다. 이들 유사기관들 중 가장 유력한 단체들은 의심의 여지 없이 심각하다고 할 만큼 신비주의에 빠져있고, 기본적인 이론은 삼위 일체를 부인하고 있다. 다른 한편으로, 그곳에 속한 많은 사람들은 너무도 친숙해진 나머지, 자신들이 왜 영적으로 위험한지를 깨닫지 못하고 있다. 이러한 상황에 대한 나의 느낌은 당신이 그 위험성을 지적해 주어야 하지만 구체적인 내용들을 찾아 연구 하는 것은 각자에게 맡겨두라는 것이다. 만일 그들이 현재 그런 단체들에 속해 있거나, 혹은 속한 적이 있다면, 그러한 것들을 부인하는 기도에 동참할 때, 성경의 가르침과 반대되는 그 단체의 가르침들은 모두 끊어버려야 하는 것을 말해 주어야 한다.

   이러한 것들은 절을 하거나 맹세를 하는 등의 행사에 참여하는 것에도 마찬가지로 적용된다. 대부분의 그러한 모임이나 여성들만을 위한 클럽들은 고대 그리스 여신들에서 기원된 것들이다. 당신이 속했던 단체나 클럽에서 그리스의 남신이나 여신에 대해 절을 한 적이 있는가? 만일 그렇다면, 이것 또한 제거되어야 한다. 의사들은 전통적인 히포크라테스 선서들에 대해 다른 견해를 가지고 있을 수도 있고 이러한 의식들은 몇몇 의과대학의 졸업식순으로 사용되고 있다. 하지만 이 선서는 아폴로를 비롯한 그리스의 남신과 여신의 이름으로 행해지는 것들이다. 이 선서 중 의술을 행하는 부분들은 분명히 부인할 필요는 없다. 하지만 특정 부분들은 다시 쓰여져야만 한다. (이 선서에 대한 구체적인 내용은 백과사전을 참조하기 바란다.) 하지만 기독교인 의사가 이러한 선서를 했다면 그러한 이방 신에게서 온 것들을 끊어버려야만 하고, 그러한 선서들을 참 하나님의 이름으로 재확인해야 한다. "그저 재미 삼아 한 것들인데요. 절대 심각하게 그런 것들을 한 것이 아닙니다"라고 말하고는 어리석게 그냥 지나가 버리지 말라. 아그네스 센 포그는 어린 시절 중국의 한 절에 갔을 때, 어떤 일이 일어나는지를 보기 위해 불상에 절을 하고 승려들이 하는 주문을 같이 외웠었다는 말을 들려 주었다. 아그네스는 말하길, "아무 일도 일어나지 않을 것 같았어요. 그렇지 않을 수도 있고요. 그저 궁금했던 거죠. 하지만 점점 제 안에 나를 비웃고, 경멸하고, 조롱하는 또 다른 목소리가 들려왔어요." 아그네스는 또한 몇 년이 지난 후, 이러한 것들에 대해 알고 있는 한 친구가 자신이 어린 시절 재미 삼아 행했던 행동에 달라붙어 있던 악한 영들을 어떻게 내 쫓아 주었는지에 대해 이야기해 주었다.

관상 (GRAPHOLOGY)

나는 종종 관상이나, 육필(Handwriting) 분석 등에 대한 질문을 받는다. 만일 관상학 자체나 사람의 육필이 그 사람의 기분이나, 개인적인 기질을 반영한다고 하고, 육필을 연구하면 그 사람을 이해하는 데 도움이 된다고 가르친다면, 분명 그 자체는 신비주의가 아닐 것이다.

하지만 만일 관상학이 누군가의 미래를 보기 위해 손금을 보는 것이라면 그것은 분명 신비주의적인 것이다. 나는 이러한 질문을 매우 자주 받기 때문에, 나는 육필을 분석하는 것이 때로는 이러한 목적으로 사용되는 것이라고 추측한다. 내가 직접 이러한 것들을 접해 본 적이 없다.

이상한 행동들 (STRANGE MANIFESTATIONS)

내가 이곳에서 말하고 있는 것은 사람들이 흥분하고 축복을 받고, 또는 다소 시끄러운 소리를 만들어 내고 사람들을 방해하는 것들에 대해 이야기하고 있는 것이 아니다. 이러한 것들에 대해서는 마지막 장에서 다루었다. 내가 걱정하고 있는 것은 이상한 행동을 하는데 그것이 분명 성령으로부터 오지 않는 것을 말한다. 만일 당신이 사람들을 매우 신중하게 준비시켰고, 주님을 영접했으며, 그들이 모두 신비주의나 이단으로부터 온 것을 제거했다면 이러한 행동들은 분명히 없을 것이다. 하지만 만일 누군가가 뭔가 이상하고 사람들에게 겁을 주는 방법을 사용한다면, 예수 그리스도의 권세로 강하게 맞서도록 하라. 만일 이렇게 해도 상황이 해결되지 않으면, 경험 많은 다른 상담가들로 하여금 조용히 그 사람을 모인 사람들로부터 떼어내어 다른 방으로 가서 무엇이 문제인지를 찾아보도록 하자.

당신 자신과 모인 모든 사람들 위에 하나님의 보호하심을 선포하라. 그런 다음, 만일 의식이 있고 협조적이라면, 그 사람에게 문제가 되고 있는 것의 이름(두려움, 분노 등)을 물어보고 그것들에 대해 기도하도록 그 사람을 기도로 이끌도록 하라. "두려움의 영아(혹은 다른 어떠한 것이든), 내가 예수의 이름으로 너를 묶고 내 삶의 밖으로 내어 쫓는다. 이 땅으로 다시는 돌아오지 말고, 다른 그 누구도 괴롭히지 말지어다. 예수님의 귀하신 보혈을 의지하며 기도합니다. 아멘." 그 사람의 동의를 받고 이러한 기도를 스스로 하도록 하는 것이 매우 중요하다. 그러면 외적인 증거들이 나타나기도 하고 그렇지 않을 수도 있다. 해방된 표시로 때로는 기침이나 재채기, 혹은 하품을 하거나 소리를 지르거나, 혹은 구토를 하기도 한다. 하지만 우리의 경험에는 대부분 그렇지 않다. 하지만 그것이 아무런 일도 일어나지 않았다는 것을 의미하지는 않는다.

문제가 영혼의 깊은 상처를 통해 그 사람의 삶에까지 파고 들었을 수도 있다. 그럴 때는 성령 안에서 기도하기를 계속하기 전에 그 사람에게 내적인 치유를 위해 기도하도록 강권하라.

몇년 전 버지니아에 있는 한 교회에서, 나는 사람들을 가능한 한 완벽하게 준비시켰다. 강단 주위에 40명이 성령 세례를 구하며 무릎을 꿇고 기도하고 있었다. (그 당시 우리는 한 사람 한 사람을 위해 기도하고 있었다. 요즘은 이 책에 나온 것처럼, 먼저 한 그룹의 사람들을 위해 기도하고, 그런 다음 개개인을 격려한다.)

내가 강단 주위를 돌 때였다. 모두가 기도하는 가운데 한 남자에게 다가 갔는데 갑자기 그 사람이 머리로 강단의 놋쇠로 된 난간을 들이박기 시작했다. 그 사람에게 문제가 있다는 것을 쉽게 알 수 있었기 때문에 함께 사역하던 두 친구에게 손짓을 했다. 둘은 그 사람을 다른 곳으로 데리고 가서 함께 기도했다. 두 친구는 그가 영적인 이단인 스웨덴버그주의(Swendenborgianism)에 들어간 적이 있었다는 사실을 알게 되었다. 그 사람이 내게 이야기해주길, 자신의 삶에서 잘못된 것들을 내어 쫓으려고 기도할 지라도, 이 스웨덴버그주의의 영이 자신을 여전히 괴롭혔으며, 성령님을 자유롭게 풀어놓기 시작했을 때, 자신 안에 성령과 스웨덴버그주의 영의 전쟁을 느꼈다고 했다. 그래서 그런 이상한 행동을 했던 것이다. 잘못된 영으로부터 자유롭게 되자마자, 그 남자는 기쁨 가운데 성령 세례를 받았고 온전하게 되었다.

영국에서 한 무리의 사람들과 기도할 때였다. 한 젊은 목회자가 바닥에 쓰러져서 소리치며 몸부림치기 시작했다. 나는 다시금 두 사람의 도움을 받아 그를 다른 방으로 옮겼다. 그에게서 두 영을 쫓아냈고, 성령의 세례를 위해 기도했다. 그 젊은 목회자가 그날 저녁 모인 장소에 왔을 때는 완전히 '중환자' 같은 모습이었지만 떠나갈 때는 행복하게 웃고 있었다!

만일 문제가 되는 사람이 협조를 할 수 없어 보이면, 그 사람을 위해 기도하는 사람들이 먼저 자신들과 주위의 다른 모든 사람들 위에 예수의 보혈의 보호하심을 먼저 구하고, 그런 다음 훼방하는 영에게 다음과 같이 직접적으로 명한다.

"예수 이름으로 명하노니, 너 훼방하는 영아(혹은 영이 사람 안에 어떻게 행동하는 지에 따라 이름을 부르도록 한다), 너를 묶고 내어 쫓으니 다시는 돌아오지 말고 다른 어떤 사람도 다시는 괴롭히지 말지니라. 예수님의 귀하신 보혈을 의지하며 기도합니다. 아멘."

만일 잘못된 영이 그러한 상황 가운데 이끌려 들어온다고 해도 두려워 말라. 당신에게는 그 영을 완벽하게 통제할 권세가 있다. 하지만 사람들을 나가게 하거나 그 사람만 따로 밖으로 데리고 나가지 말라. 대신 그 사람을 위해 기도할 다른 사람들을 부르고 당신은 기도하는 사람들을 돕는 일을 계속 하도록 하라.

방언은 무의식의 마음에서 오는 것인가?

당신이 가르치는 동안 이러한 질문을 받지는 않을 것이다. 하지만 자신이 이에 대한 대답을 알고 있어야 한다. 방언을 말하는 것은 잠재의식에서 오는 것이 아니다. 직접 성령님으로부터 오는 것이다.

모든 믿는 그리스도인들의 영 안에 거하시는 영이시고, 언어를 공급하시는 분이 바로 이 성령이시다. 예를 들어, 내 친구 중 하나가 기도 모임에서 유창하게 중국어로 기도를 했다. 그 친구는 중국어를 배운 적이 전혀 없었다. 그 자리에 함께 하고 있던 중국인 부인이(그녀의 남편은 의사였고, 워싱턴 대학에 교환의 자격으로 와 있었다) "이 사람이 중국어를 어떻게 이리도 유창하게 할 수 있는 거죠? 어디서 배운 것입니까?"라고 말했다. 우리는 "그가 뭐라고 하는데요?"라고 물었고 부인은 "오, 하나님을 찬양하고 그분께 영광을 돌리고 있군요"라고 말했다. 그리고는 회의적으로 어투로 "아마 어렸을 때에 중국 식당에 갔었겠지요. 그의 잠재의식 속에 어린 시절에 들은 이야기들이 남아서, 지금 이렇게 암송을 하고 있을 것입니다"라고 말했다.

이 말에 대해 나의 딸 마가렛이 분명한 대답을 해 주었다. "그렇다면 오히려 그날의 메뉴를 외워야 하는 게 아닐까요?"

어떤 사람은 잠재의식이 우리의 영이고, 우리가 하나님과 접촉을 하는 것도 우리의 잠재의식을 통해서라고 가르치고 있다. 잠재의식은 우리의 영이 아니다. 그것은 우리의 과거 모든 기억과 감정들을 위한 저장소이다. 뿐만 아니라 하나님께서 우리의 잠재의식을 통해 인간의 영 안으로 들어오시는 것도 아니다. 하지만 성령께서는 잠재의식의 모든 것들을 아시고, 우리가 가지고 있는 의식이 삶에 문제를 일으키는 상처들을 치료하실 수 있다. 방언 말함을 통해 성령께서는 우리의 잠재의식으로부터 표현하고 고백할 말들을 끌어내시고 하나님께서 그러한 것들을 치료하시도록 그분께 드리게 하신다.

그냥 제가 말하고 있는 것 같은데요

이렇게 말하는 사람도 있을 것이다. "내가 방언으로 말하려고 할 때 내 자신이 이야기할 것을 강요하는 것처럼 느껴집니다. 그냥 제가 말하는 것처럼요. 너무 힘든 일입니다. 제 기도 언어가 아닌 것 같아요."

많은 사람들이 여기에 매여있다. 내가 이야기했듯이, 원수들은 그들에게 이렇게 이야기할 만반의 준비가 되어있다. "그렇지 않아" 혹은 "그냥 네가 하는 거야."

이 사람들에게 원수의 말을 믿지 말고 말하기를 멈추지 말라고 이야기 해주도록 하자. 그들에게 "방언으로 말하는 것이 무엇인지를 기억하세요. 성령님께 사로 잡혀 그분이 다른 언어를 사용하게 하는 것이 아닙니다. 말하는 것은 당신입니다. 당신 안에 계시는 주님을 믿고 당신에게 필요한 말들을 주시도록 하는 것입니다. 그것들이 실제로 드러나게 하는 것은 당신이고 처음에는 분명 어려운 일일 것입니다. 하지만 말하려고 노력하고 주님께서 인도하시도록 해드리면, 그분이 원하는 것을 당신에게 주시기 시작할 것입니다. 진정으로 주님을 신뢰하며 기도하는 가운데 나는 처음 소리나 음절이야말로 당신의 새로운 언어의 첫 음절인 것입니다. 그러니 당신의 마음과 생각을 주님께 고정시키고 말하기를 계속하세요."

당신의 말에 귀를 기울이지 않도록 하라. 때로는 영으로 기도하며 다른 일을 하는 것이 더 좋다. 당신의 마음이 다른 것들에 있을 때 예를 들어 차를 운전하거나, 진공 청소기로 양탄자를 청소하거나, 샤워를 하면서 기도하라. 멈추지 말라. 계속하면 할수록 자유로워질 것이다.

어떤 사람들은 처음 영으로 말하기를 시도할 때, 경매인들이 만들어내는 단조롭고 반복되는 소리처럼 들리기도 한다. 그래도 괜찮다. 반복하기를 계속하라. 하지만 천천히 형태를 갖추어 말들이 나오도록 시도하라고 이야기해 주도록 하라. 내 친구 중 하나는 영으로 말하기 시작했지만 너무도 긴장을 해서 그가 할 수 있는 말은 커다란 신음 소리 같은 것이었다. 하지만 그는 멈추지 않았다. 그의 아내는 웃으며 "남편이 어찌나 시끄러운 소리로 방언을 하던지 온 집안을 다니며 창문과 문을 닫아야만 했어요. 이웃들이 집 앞 정원으로 몰려들었거든요." 하지만 두 시간 후 이 모든 과정을 지나 온전한 방언으로 말하기 시작했다.

하나님께서는 이러한 것들을 어렵게 만들지 않으셨다. 이는 단지 우리 인간들에게 있어서 힘겨운 일들 중의 하나를 실제로 우리의 습관이 되도록 하는 것이다.

심리학적인 방언?

오랫동안 방언하는 것을 반대해온 사람들은 그것이 '마귀가 주는 것'이라고 말해왔고, 당신도 알게 되겠지만 지금도 그렇게 말하는 이들이 있다. 오늘날 이러한 주장들에서 벗어나기 쉽지 않고 따라서 당신도 방언을 하는 것에 대해 다른 종류의 비하하는 말들을 듣게 될 것이다. 어떤 사람들은 "괜찮아요. 방언 하는 것은 나쁜 것이나 병적인 것도 아니에요. 방언을 하는 사람들에게도 아무런 문제가 없습니다. 하지만 방언을 하는 것은 인간적인 것들이고 성령이 주는 것이 아니에요. 순전히 심리적인 것들입니다"라고 말한다.

이러한 것들에 대한 질문을 받게 될 것이다.

어떤 사람들은 오순절 날에 있었던 방언은 성령으로부터 온 것이지만, "고린도 사람들이 한 방언"(고전 12~14장)은 단순히 심리적인 것들이라고 주장할 것이다. 그렇기 때문에 바울이 고린도교회 사람들에게 방언 말하는 것을 삼가라고 말한 것이라고 주장할 것이다. 사실, 나는 신실한 목회자들이 바울이 방언을 말하지 않았다고 주장하는 말들을 들어왔다. 바울이 "당신들 보다 더 많은 방언들을 말한다"(고전 14:18)라고 말한 것은 그가 9개국의 말을 할 수 있다는 것을 의미한다고 주장했다. 물론 말도 안 되는 말이다. 하지만 이것이야말로 얼마나 많은 사람들이 자신들의 선입관에 반대되기 때문에 받아들이기를 거부하면서 성경을 왜곡시키고 있는 지에 대한 좋은 예이다.

고린도 교회의 그리스도인들의 영들은 사도행전에 첫 번째 믿는 이들처럼 주님과 연합된 영들이었다. "주와 합하는 자는 한 영이니라"(고전 6:17). 그리스도인이 방언을 할 때, 그의 영은 주님의 영과 하나가 되어 기도를 하는 것이다. 그 사람이 사도행전 2장의 첫 번째 오순절에 있든지, 고린도 교회의 믿는 자이거나, 당신과 나처럼 현재의 사람이든지, 방언으로 기도하는 것은 초자연적인 기도이다.

성경은 매우 분명하게 기록하고 있다. "내가 만일 (알지 못하는)방언으로 기도하면 나의 영이 (내 안에 거하시는 성령으로) 기도하거니와…"(고전 14:14,15).

방언으로 말하는 것은 전혀 정신적인 활동이나 우리의 정신적인 세례인 혼(Soul)에서 나오는 것이 아니라 영에서 나오는 것이기 때문이다. 당신이 방언을 할 때, 바울이 지적한 대로 당신의 마음은 "열매를 맺지 못한다"(고전 14:14). 당신이 이야기하는 말들은 당신의 마음에서 나오는 것들이 아니다. 방언을 말할 때 마음이 하는 역할은 육성 기관 그 자체를 사용하도록 조정하는 것뿐이다. 당신이 방언을 말할 때 당신은 당신의 영으로부터 기도를 하는 것이다(고전 14:14).

말을 한번도 해본 적이 없는 벙어리요 귀머거리인 사람이 성령으로 세례를 받았을 때 방언으로 말하기도 한다. 나는 직접 본 적이 있다. 한 달도 채 지나지 않은 얼마 전의 일인데 그 귀머거리인 사람과 함께 일하는 사람이 정말 그런 일이 있었다고 증언을 해주었다. 농아인 사람들은 심리학적으로 말할 수 있는 능력이 없기 때문에, 방언으로 말하는 것은 영에서부터 발성 기관으로 직접 나온 것들일 수밖에 없다.

가까운 친구 중 하나는 경미한 발작으로 잠시 동안 말을 할 수 없었다. 하지만 인간의 말을 한마디도 할 수 없었음에도, 방언은 완벽하게 할 수 있었다. 영어로 기억을 이야기할 수 없었지만, 영혼의 언어는 주님으로부터 직접 나오는 것이기 때문에 방언으로 말하는 데는 아무런 어려움이 없었던 것이다.

이러한 것들에 대해 과학적인 연구 결과를 받아들이는 데 매우 조심해야만 한다. 영적인 일들을 외부에서 대상 측정법으로 평가하려고 하는 것은 마치 사과 파이의 외부만 조사함으로 그 맛을 찾아내려고 하는 것과 같다.

이단에 속한 사람들도 방언을 말하지 않는가?

이단 종교에 속한 사람들 중에는 자신들이 방언으로 말한다고 주장하는 이들이 있다. 어떻게 된 일인가?

이단에 속한 사람들 또한 자신들에게 영적인 은사가 나타난다고 주장한다. 그 중에는 치유에 관한 것들로부터 나온 것들도 있다. 다른 이들은 미래를 예언하는 능력이 있다고 주장하거나, 신비로운 지혜와 지식을 받았다고 주장하기도 한다. 이러한 모든 주장들이 방언을 말한다고 주장하는 것들과 같은 근본에서 나오는 것들이다. 그것은 귀신과 같은 영적인 세계이다. 방언으로 말한다고 하거나, 병든 자를 고치고, 자신들의 인간적인 능력을 넘는 지식을 받거나 하는 것을 그것이 하나님으로부터 왔는지를 증명하지 못하는 것들이다. 우리의 원수는 속임수의 대가이다. 만일 누군가가 성령으로 이끄심을 받고 있는지를 알고 싶다면, 그에게 병든 자를 고칠 수 있는지, 혹은 이상한 언어를 말할 수 있는지를 물어봐서는 안 된다. 대신 그들에게 "예수를 당신의 구주요 주님으로 모셔드렸습니까?"라고 물어야 한다.

방언으로 좋지 못한 말들은 한다?

누군가 이런 말을 할 때가 있을 것이다. "제 친구가 해준 이야기인데, 그녀의 친구가 어느 기도 모임에 있었는데 선교사 한 분이 있었다고 합니다. 그런데 누군가 방언으로 말하는 것을 들었고 그 선교사님이 그 말을 알아들었다고 합니다. 그런데 그 사람이 하나님을 저주하는 말을 하더라는 것입니다. 저 자신이 알아듣지 못하는 그런 말을 할 때 저라고 그렇게 하지 않는다고 어떻게 알 수 있겠습니까?"

이 이야기는 매우 여러 단계를 거쳐온 것이다. 누군가의 친구가, 또 그 친구의 친구가 어딘가에서 전해 들은 이야기라는 것이다. 하지만 당신은 결코 그 이야기가 실제로 어디에서 벌어진 일인지를 찾아내지 못할 것이다.

어떤 그리스도인이고 성령으로 말하거나 기도를 하면서 나쁜 말이 나오는 것은 절대 불가능한 일이다. 어떻게 확신할 수 있는가? 왜냐하면, 바울이 이렇게 말했기 때문이다. "그러므로 내가 너희에게 알게 하노니 하나님의 영으로 말하는 자는 누구든지 예수를 저주할 자라 하지 않고 또 성령으로 아니하고는 누구든지 예수를 주시라 할 수 없느니라"(고전 12:3).

만일 누군가 이러한 질문을 던지면 이렇게 대답하라.

"만일 당신이 주 예수를 영접했고, 그로 인해 성령께서 당신 안에 거하고 있다면, 당신의 영에서 나오는 말들은 무엇이든 주님으로부터 나오는 것입니다. 예수께서 말씀하시기를, 만일 우리가 하나님께 물고기를 구하는데 우리에게 뱀을 주시지 않으시고, 또한 우리가 계란을 구하는데, 우리에게 전갈을 주시지 않으신다고 말씀하십니다. 우리가 빵을 구하는데, 돌덩이를 주시지 않으십니다(눅 11:11~13). 그렇기 때문에 만일 하나님을 신뢰하는 당신이 당신의 입술로 어떤 말을 한다면, 그것은 분명 나쁜 말이 아닌 것입니다.

물론 공공연한 모임에서 그리스도인이 아닌 사람이 함께 하고 있을 때 악령에게 사로 잡혀, 그릇된 증거를 할 수도 있습니다. 위의 선교사 이야기가 사실일 수 있는 유일한 가능성은 이러한 상황입니다. 하지만 당신이 걱정할 것은 하나도 없습니다. 당신이 악령에게 사로잡힌 것이 아니라 성령께서 당신 안에 거하시기 때문입니다."

어린아이는 몇 살에 성령 세례를 받을 수 있는가?

당신이 가르치는 사람들 중에 어린아이가 있을 수도 있고 또는 아이의 부모가 이러한 질문을 할 수도 있다.

사람들 중에는 예수께서 어린아이에게 성령 세례를 주지 않으실 것이라고 말하기도 한다. 아이들은 사역할 준비가 되지 않았다는 것 때문이다. 이 사람들은 당신이 사역할 준비가 되기 전까지, 즉 하나님을 섬기기 위해 어떠한 일을 하게 되기 전까지는 성령 세례를 받을 필요가 없다고 말하는 사람들이다.

나는 정확히 그 반대라고 믿는다. 당신이 성령으로 세례를 받는 것은 사역을 하기 위한 준비가 되었기 때문이 아니라, 성령 세례를 받았기 때문에 사역을 하기 원하는 것이다. 사람들로 사역하기를 원하게 하고 할 수 있게 하는 것은 성령 세례인 것이다. 그것은 어린이나 어른에게나 동일하게 적용된다.

내가 전에 섬기던 교회에서는 4살 반 된 여자 아이가 성령 세례를 받았다. 얼마 후, 그 여자 아이는 손목을 다친 다른 아이에게 손을 얹고 기도해 주겠다고 했고, 그렇게 기도를 받은 남자 아이는 그 즉시 고침을 받았다.

동부 해안의 성공회 수석 감독의 6살 난 딸아이가 성령으로 세례를 받았다. (부모 모두 전통적인 구교 신자였다.) 내 아내 리타와 내가 그 교회에 있을 때, 이 어린 소녀는 5살 난 친구를 데리고 리타에게로 왔다. 그리고는 리타에게 자기의 친구를 예수께 이끄는 것을 도와달라고 했다. 성령으로 세례를 받는 것은 사역을 위해 주어지는 것이 아니다. 아이에게든 어른에게든 그 결과가 사역인 것이다.

성령의 세례를 받는 일에 연령의 제한을 둔다는 것은 말도 안 되는 일이다. 그러나 나는 아주 어린아이들이 자신의 언어를 말하기 전에 방언을 말할 수 있을까 의심하였다. 내가 아는 성공회 사제의 아들은 성령을 받았고, 2살 반의 나이에 방언을 하였다. 그 아이가 심한 감기에 걸렸을 때, 아버지가 치유를 위해 머리에 손을 얹고 기도하였다. 그때 아버지가 놀랄 만큼 어린 아들은 방언을 유창하게 말하기 시작하였다. 어린 아이가 자라나면서, 그가 성령의 자유함을 받았다는 증거가 되었다.

사역하는 것에 관해, 오래된 오순절 운동의 바람직하지 못한 가르침이 있다. 그것은 성령 세례가 봉사와 섬김(예배)을 위해 주어졌다고 하는 것이다. 아마도 이것은 자신들을 보호하기 위한 말이었을 것이다. 왜냐하면 다른 그리스도인들이 오순절 교단을 다소 심할 정도로 자신들의 신앙을 즐기고 있다고 비판했기 때문이다. 그들은 이러한 것들을 심각하게 여기지 않았고 이 모든 것들은 서글픈 실수이기만 했다. 하나님께서는 그분의 백성들이(크든 작든, 나이가 많건 적건 간에) 성령의 자유함을 얻기 원하셨다. 그것은 백성들로 그분을 섬기기 위한 것이 주된 이유가 아니라, 그분이 얼마나 놀라운 분이신지를 알게 하시기 원하셨기 때문이다. 우리는 성령 세례의 첫 번째 목적이 단순히, 주님의 임재하심을 기뻐하고, 춤추고, 찬양하며 손뼉을 치는 그러한 기쁨을 위한 것이라고 주장하는 것을 두려워할 필요가 없다. 무거운 짐이 벗겨지는 것이고, 치유와 축복인 것이다. 그런 다음 다른 사람들과 나누기를 원하게 되는 것은 세상에서 가장 자연스러운 일이다. 그것이 '중요한 것' 이라고 가르침을 받기 전까지, 성령 세례를 받은 사람들로 자신들의 기쁨을 전하는 것을 멈추게 하는 것은 어려운 일이다.

우리는 많은 사람들이 어린 시절 무슨 뜻인지도 모르고 방언을 말했던 기억이 있음을 발견하게 된다. "저는 어린 시절 잔디 밭을 뛰어 다니며 행복하게 방언을 했던 것을 기억합니다." 한 영국 국교회 사제의 말이다. 캘리포니아에서 있었던 한 저녁 집회에서, 다소 고상한 외모의 두 부인들이(그들이 루터 교인이라고 생각한다) 성령을 받는 가르침을 받기 위해 참석하고 있었다. 그 둘은 분명히 모든 것들로 인해 불편해 하고 있었다. 그래서 나는 둘을 따로 불러 이야기를 나누었다. 이야기를 나누던 중, 한 부인이 갑자기 이런 말을 했다. "베넷 신부님, 이것이 제가 어린 시절 한 것과 같은 것인가요?"

나는 "맞아요, 분명히 가능한 일입니다"라고 말했다.

그녀가 어린 소녀였을 때 성령으로 기도했던 것이다. 그 시간이 끝나기 전, 나는 그녀와 함께 다른 한 부인에게 손을 얹었고 그녀 또한 성령으로 세례를 받았다.

가끔씩 아이들은 집안에서 가족들이 함께 기도하면서 부모가 방언으로 기도할 때 방언을 하게 되기도 한다. 갱신의 날들의 초기에는 온 가족이 성령으로 세례를 받는 것은 그렇게 이상한 일이 아니었다. 할아버지, 할머니, 부모님, 아이들, 그리고 손자들까지.

한 개인이 언제 성령의 자유 함을 얻을 준비가 되는지 혹은 되지 않았는지를 아무도 확실히 말해줄 수 없다. 당연히 어린아이에게 강제적으로 성령을 받도록 해서는 안 되며, 그것은 어른에게도 마찬가지이다. 하지만 아이가 관심이 있어하면, 그 질문에 대답을 해주고, 아이 자신으로부터 시작하게 하라.

물론 이 모든 것이, 부모가 함께 하고 있을 때라야 한다. 일반적인 상황에서 부모의 동의나 도움 없이 아이가 성령 세례를 받게 하는 기도를 해서는 안 된다. 그것은 십대에까지 적용된다. 그렇지 않으면 부모의 권위를 침해하는 것뿐만 아니라, 만일 그 아이가 성령께 자신의 삶을 열어

드렸지만 지속적인 돌봄과 가르침, 친교를 갖지 못하고 집에서 접하게 될 실질적인 반대들에 대해 아무런 가르침도 받지 않았다면 그들은 매우 힘들게 될 것이다.

지금 하는 이야기가 성령 세례에 관한 것임을 기억하라. 아이들에게 예수님을 구주로 영접하게 하는 일에는 적용해서는 안 되는 것들이다. 나는 어떤 상황에도 영접시키는 일을 절대 주저해서는 안 된다고 믿는다.

만일 당신이 가르치는 그룹 안에 어린이들이 있다면, 대부분 부모와 함께 있을 것이기에 그들과 함께 일을 하는 것을 주저할 필요가 없다. 때로는 아이들이 준비되지 않았거나 깨닫지 못함에도 부모와 함께 그 자리에 있는 경우가 있다. 당신은 이러한 것들에 대해 매우 민감해야만 한다. (이 질문들과 문제들 목록의 마지막 항목을 적어놓도록 하자.) 절대 어린아이들을 부추기거나 강제적으로 이끌어서는 안 된다. 만일 그 아이들이 준비되지 않은 것이 분명하다면 하나님께 그들의 축복을 빌고, 하나님의 손에 맡기도록 하라.

"저는 제가 방언을 하는 꿈을 꾸었습니다"

성령 세례를 구했지만 성령으로 기도하는 것이 잘 되지 않는 사람이 방언을 하는 꿈을 꾸는 것은 이상한 일이 아니다. 만일 누군가가 당신에게 이러한 일이 일어났다고 이야기한다면 그것이 멋진 일이고, 꿈에 정말 영으로 기도하는 것임을 확인시켜 주도록 하라. 이것은 주님께서 우리가 억제하고 있는 것을 벗겨 버리시는 방법 중 하나인 것으로 보인다.

계속해서 그 사람에게 깨어있는 동안에도 동일한 일을 할 수 있음을 깨닫게 해주고, 시도해 보도록 격려하는 것이 중요하다. 보통 그는 자신이 그렇게 쉽게 할 수 있음을 발견하게 될 것이다.

방언의 다양한 모습

주님께서 일하시는 방법은 정말 다양해 보인다. 주님께서 병자들을 고치실 때 얼마나 많은 방법을 사용하셨는지 기억하는가? 때로는 손을 얹기도 하시고, 때로는 멀리서 그저 명하시기만 하셨는데도 치유가 일어났다. 소경의 눈에 진흙을 바름으로 고치시기도 하셨다. 많은 사람들이 그저 예수님의 옷자락을 만지기만 했음에도 고침을 받았다.

방언으로 말하는 것 또한 다양한 방법으로 되는 것도 놀라운 일이 아니다. 성령 세례를 위해 기도하던 한 사람은 수신용 종이 테이프처럼 그의 마음속에서 단어들이 서로 움직이는 것을 보기 시작했다. 또 다른 사람은 벽에 새겨진 듯한 글씨를 보았다. 만일 그러한 일들이 벌어진다면, "읽으세요"라고 말하라.

사람들은 때때로 이렇게 말할 것이다. "제 마음에 바보 같은 몇 마디 말들이 떠올랐는데 옳은 것 같지가 않아요." 그들에게 그대로 말하라고 하라.

절대로 방언이 어떻게 소리날지는 모르는 법이다. 내가 아는 한 사람은 방언을 말할 때 "룹~아~둡둡"이라고만 소리를 냈지만 그것을 통해 엄청난 축복을 받았다. 그는 천천히 걸어가는 노인의 지팡이 소리 같이 말했는데 나는 이렇게 생각했다. '글쎄, 이 사람은 받아들이는 데는 빠르지 못해. 올바로 받아들이지 못하는 것 같아. 지금 말하는 것도 말 같지가 않아. 하지만 축복을 받고 있어. 그러니 아무런 의심을 할 수 없어.'

그 다음주 나는 시애틀에 전세계 사람들이 많이 모인 곳에 갔었고 두 명의 동양 신사들이 길 모퉁이에서 이야기를 나누고 있는 것을 듣게 되었다. 그들의 말을 듣게 되었을 때 그것은 "릅~아~둡둡"이라고 들렸고 그것은 분명히 내 친구가 방언을 할 때 내던 소리와 똑같았다. 나는 "주님, 저 혼자 결론을 지어버려서 죄송합니다"라고 기도했다.

몇 년 전, 워싱턴의 왈라왈라에서의 집회에서 한 나이든 부인이 방언을 하기 시작했다. 말하자면 방언으로 찰깍 거리는 소음을 만들기 시작했다. 찰깍 거리는 소리를 만들어 낼 때마다 그녀는 성령 안에서 행복을 얻기 시작했고, 그날 저녁에 돌아간 후에도 여전히 찰깍 거리는 소리를 내면서 얼굴이 기쁨으로 빛났다. 만일 내 선교사 친구가 얼마 전 내게 남아프리카의 부시맨들과 코이산(Khoisan) 사람들이 사용하는 "찰깍" 거리는 말에 대해 이야기를 해주지 않았다면 그것 때문에 신경이 방해를 받았을 것이다. 물론 그 부인이 코이코이족(Khoikhoin) 말을 한 것인지는 그것을 증명할 수 없다. 하지만 그것이 무엇이든 간에 그 부인을 행복하게 한 것은 사실이다.

왜 선교사들이 언어들을 배워야만 하는가?

하나님께서 사람들에게 성령으로 새로운 언어를 사용하게 하실 수 있다면 왜 선교사들이 언어 연수를 받고 다른 나라로 갈 준비를 해야만 하는가? 왜 그들이 주님으로부터 직접 그 언어를 받지 못하는가?

이것은 당신이 언젠가 받게 될 질문이다. 이러한 내용은 일반적인 언어와 방언으로 말하는 목적을 이해하지 못하는 사람들을 혼란스럽게 하는 것이다. 이러한 혼란들의 많은 것들이 오순절의 역사에 대한 잘못된 이해에서 오는 것들이다. 놀라울 정도로 많은 정보를 접한 그리스도인들이 오순절날에 말해진 방언들이 그 방언들을 듣는 사람들에게 복음을 전파하기 위한 것들이었다고 생각하고 있다. 그 사람들이 "천하 각국으로부터"(행 2:5) 온 유대인들이기 때문에 그렇다는 것이다. 다른 말로, 오순절 성령의 강림은 복음을 전하기 위한 역사였다는 것이다. 하지만 이 구절이 정말로 말하고 있는 내용은 "경건한 유대인이 천하 각국으로부터 와서" 예루살렘에서 우거하고 있었다고 말하고 있다.

로마로부터 와서 유대교를 받아들인 몇몇 '개종자'들을 빼고는 오순절에 예루살렘에 있는 사람들은 이방인이나 외국인들이 아니었다. 그들은 다른 나라에서 살고 있는 유대인들이었고 오순절을 지키기 위해 예루살렘으로 돌아온 사람들이었다. 그들에게 말씀을 전하기 위해 외국어를 해야 할 필요는 없었다. 그들이 들은 것은 복음이 선포되는 것이 아니라, 이 초기 그리스도인들이 하나님께서 행하신 놀라운 일들로 인해 그분을 찬양하고 영화롭게 해드리는 내용이었다(11절).

무슨 일이 있었는지를 베드로가 설명하기 시작했을 때 복음을 선포했지만, 그때는 외국어로 말하지 않았다. 또한 베드로는 사람들을 '이방인이나 외국인들'이라고 부르지 않고, "형제들아"(29절)라고 불렀다.

사람들은 자신들이 살고 있는 여러 나라 지방의 말들을 제자들이 하는 것으로 인해 감동을 받았다. 로마에서 온 유대인들에게 라틴어로 이야기해야 할 필요가 없었지만, 갈릴리의 어부들이 라틴어를 완벽하게 구사하는 것을 듣고 놀라지 않을 수 없었다.

방언을 하는 첫 번째 목적이 인간이 알아듣지 못하는 말로 주님께 성령으로 기도하는 것임을 기억하라. 그 다음 목적은 방언 통역을 통해 모인 사람들에게 말씀을 전하는 것이다. 이러한 일이 벌어질 때, 때때로 함께 한 사람 중 그 방언을 알아들을 수 있는 사람이 있기도 하다. 그 방언을 알지 못하지만 성령의 은사로 통변을 하게 될 때, 그 통변 내용이 그 사람이 하는 말의 내용과 일치하는 것을 알게 될 것이고 그로 인하여 당연히 믿음이 세워지게 된다.

몇 년 전 내가 처음으로 참석한 순복음 비즈니스맨들의 모임(the Full Gospel Business Men's Meeting)을 기억한다. 모임을 인도하던 분이 자신의 어린 손자를 위해 기도해달라고 부탁했다. 누군가 방언으로 기도했고, 그것을 통역해 주는 사람들을 통해 아이가 치유 받을 것을 확인시켜 주었다. 나중에 나는 내가 아는 사람 중 불어를 유창하게 구사하는 사람이 그곳에 함께 있었는데, 그 방언을 알아들었던 사실을 알게 되었다. 방언으로 기도한 사람이 불어로 방언을 했지만, 불어를 배우지 못한 사람이었는데 성령으로 기도했던 것이다. 방언을 통역한 사람 역시 불어를 알지 못하는 사람이었지만 성령으로 통역을 했다. 뿐만 아니라 불어를 하는 사람은 자신이 듣고 통역한 내용과 성령으로 통역한 내용이 정확히 일치했다고 말해주었다.

사람들이 알지 못하는 언어로 방언을 하는 것에는 다양한 모습들이 있다. 그 중 특별한 목적이 누군가와 대화를 하기 위한 것이다. 내가 섬기는 교회에 애이미 스톨러라고 하는 성도는 정기적으로 지역 병원을 찾아가서 사람들을 돕고 격려하는 일을 하곤 했다. 어느 날 그녀는 한 작은 남자가 자기 침상 모퉁이에 매우 슬픈 모습으로 앉아 있는 것을 발견했다. 그녀는 "제가 기도해 드려도 될까요?"라고 말했다.

그 남자는 상심으로 인해 슬픈 목소리도 대답했다. "저는 영어를 못해요." 애이미는 이렇게 말했다. "그 사람에게 이야기할 수 있는 것을 알았어요. 그래서 방언으로 말하기 시작했죠." 그 남자의 얼굴이 환해지더니 흥분해서 말을 하기 시작했다. 그는 애미미가 하는 말을 알아들을 수 있었다. 그녀가 그가 쓰는 '카나리아 제도에서 쓰는 스페인어'로 말을 했기 때문이다. 둘은 함께 기도했고, "저는 모든 기도를 그 사람이 쓰는 모국어로 함께 기도했어요"라고 애이미가 내게 말했다.

이러한 내용들을 확인해 주는 많은 이야기들이 있다. 나의 한 의사 친구는, 완벽한 히브리어로 유대 여인을 예수께서 인도하며 이렇게 말했다. "시온의 딸이여, 당신의 눈을 예수께로 돌릴지어다." 그리고 그녀는 그렇게 했다. 그 의사 친구는 히브리어를 할 줄 몰랐다.

이러한 목록들은 수도 없이 많다. 한 선교사는 식인종들에게 그들이 쓰는 말을 해서 살아났다. 이 일은 H.B 칼록이라는 사람이 아프리카에서 사역할 때에 있었던 일이다. 이 이야기는 달라스의 출판사 '열방을 위한 그리스도'에서 1974년에 출판한 작은 책 「우리가 너를 죽여서 먹기 전에(Before We Kill and Eat You)」를 통해 전해진 내용이다. 우리의 친구인 코스타 디에르 박사는 자신이 다른 나라에서 담당 공무원에게 방언을 함으로 이민을 하게 된 이야기를 들려주었다. 그는 지금까지도 그날 자기가 한 말이나 그 나라 말을 하지 못한다. 하지만 방언으로 이민을 하게 된 것이다!

이 모든 경우들에서 사람들은 자기가 하는 말을 알아듣지 못했다. 단순히 주님께서 주시는 말들을 받았고 그 말이 그 상황에 적합한 것이라고 믿은 것뿐이다. 그러한 말들을 영원히 사용할 수 있는 능력을 갖게 되거나 이해하게 되는 경우는 매우 드문 일이다. 유명한 중국 선교사인 프랜시스 사비에르(Francis Xavier)는 자신이 기적적으로 중국말을 할 수 있는 능력을 받게 되었다고 보고하고 있다. 간접적으로는 그러한 보고를 받은 적이 있고 그것이 가능하다고는 믿지만, 그렇게 방언을 하는 것을 통해 완벽하게 언어를 구사하게 된 사람을 직접 경험한 적은 없다. 이미 부분적으로는 알고 있던 말을 엄청나게 유창히 구사하게 된 사람은 만난 적이 있다.

내가 아는 사람 중 한 명은 이웃 교회의 목회자인데, 성령 세례에 대해 듣고, 내게 와서 직접 이야기를 나누고 싶다고 부탁했다. 그는 말하기를, "저는 필리핀에서 자랐고 지금도 어린 시설 사용했던 그 지역 방언을 기억하고 있습니다. 그 지방 방언으로 기도해보고 싶습니다."

그리고는 머리를 숙이고 말을 하기 시작했다. 잠시 후, 그 목사는 놀라움으로 고개를 들었다. "나는 그 지역 말을 이렇게까지 잘 알지 못합니다. 이렇게 유창하지 못해요"라고 말했다.

또 다른 경우는 한 젊은 유대인 그리스도인이 성령 세례를 위해 기도하고 아라비아말로 기도하기 시작한 것이다. 그는 "이것은 아랍어에요. 저는 아랍어를 조금밖에 알지 못합니다. 이렇게까지 잘 하지 못하는데요." 만일 하나님께서 한 개인의 언어 지식을 이렇게 늘리실 수 있다면, 분명 완벽한 언어를 구사하게 하실 수도 있을 것이다.

생각컨대 인간의 기억에 완전히 언어를 소개해 주는 것은 필요한 때에 따라 한 단어 한 단어씩 받는 것보다 비교할 수 없을 만큼 큰 기적이다. 하나님께는 불가능한 것이 없다. 하지만 받아들일 수 있는 우리 인간의 능력은 제한되어 있다.

우리는 성령 안에서 주시는 새롭게 하심의 시작단계에 있을 뿐이다. 또한 시간이 흐를수록 이러한 기적들이 일어나는 것을 우리는 보게 될 것이다. 주님을 찬양하라!

여전히 우리는 하나님의 일꾼으로 부르심을 받았고 또한 우리가 우리 자신을 위해 그러한 언어들을 배울 시간과 능력이 있을 때 자동적으로 그러한 언어를 부여하시는 것은 그분의 스타일이 아니다. 아마 그렇게 우리를 조종하시는 것은 하나님께서 원하시는 것이 아닐 것이다. 그분은 우리의 자유 의지를 굉장히 귀하게 여기신다.

"저는 방언하도록 강요 당했어요"

때로는 누군가 당신에게 방언을 하도록 강요했을 수도 있다. 한 젊은 여인의 어머니가 자신의 십대 딸이 성령 세례 받기를 너무도 갈망한 나머지 어느 날, 자기 딸을 악의 없이 기도 용사들로 둘러 싸게 하고는 기도를 받게 했다. 이 젊은 여인은 자신을 둘러싸고 행하는 그들의 노력으로부터 탈출하기 위해 몇 마디를 억지로 더듬거리고 방을 뛰쳐 나와서는 창피함과 분노로 눈물을 흘려야만 했다.

그녀의 어머니와 함께 기도한 친구들은 그것이 축복의 눈물이라고 생각했지만 그렇지 않았다. 결과적으로 그 여인은 성령으로 기도하기를 계속하지 않았고 그러한 과정들에 대한 혐오감을 키우게 되었다. 뿐만 아니라 하나님에 대해서까지 분노를 품게 되었다. 당신은 이러한 상황들을 어떻게 다루겠는가?

만일 이러한 사람을 만나게 된다면, 분명히 전에 그녀에게 일어난 일들과 같은 것이라고 여겨지는 모든 행동들을 피해야 할 것이다. 먼저 지난 과거에 대한 내적인 치유가 선행되어야만 한다. 지난 과거의 상처와 함께 예수님을 봐야만 하고, 예수께서 원하시는 방법으로 역사를 이루시도록 허락해 드려야 한다. 그녀가 어른으로서가 아니라 심하게 당황했던 한 어린아이로서 자신과 함께 기도했던 사람들을 용서할 수 있어야만 한다.

11장
그 다음은 무엇인가?

WHAT NEXT?

당신은 오늘 저녁 성령을 받았고 방언을 하게 되었다. 확신을 가진 사람도 있겠지만, 여전히 아무것도 느끼지 못하기 때문에 의심하는 사람들도 있을 것이다. 원수들은 이러한 것들을 이용해서 당신에게 아무런 일도 일어나지 않았다고 설득하려고 할 것이다. 그런 말에 조금도 신경 쓰지 말라! 할 수 있는 한 자주 성령 안에서 기도를 계속하라. 만일 의심을 품었다면, 실제로 방언을 하게 될 것이라고 하나님을 신뢰하도록 결심하라. 적어도 두 주 동안 의심에 대해 정지 기간을 선포하라. 그리고 매일 당신에게 성령 세례 주심을 인해 하나님께 감사를 드리고 당신에게 주신 새로운 언어로 하나님을 찬양하라. 그리고 마지막 시간, 당신에게 중요한 변화가 조금도 일어나지 않았는지 직접 확인해 보라.

당신의 가족과 친구들, 또한 당신 자신의 필요를 위해 방언으로 자주 기도하라. 그것이 얼마나 효과적인지를 경험을 통해 배우게 될 것이다.

성령 세례를 받은 다른 사람들과도 사귐을 가져야만 한다. 자신이 다니던 교회를 떠나지는 말라. 그곳이야말로 하나님께서 그분의 말씀을 전하기 위해 당신을 두신 곳이다. 하지만 만일 그곳에서 영적인 양식을 얻지 못한다면, 다른 곳을 찾아봐야 할 것이다. 그렇다고 그것이 다른 교회로 옮기라는 말은 아니다. 주일 아침 당신이 다니던 교회에 참석하고 주일 저녁이나 주중에, 당신의 영이 새롭게 되고 영의 양식을 얻을 수 있는 곳으로 가도록 하라. 당신의 영역에서 가장 기쁨이 넘치는 기도모임은 하나님의 성회성결교, 침례교 등 여러 교단의 지역 모임일 수도 있다. 만약 당신의 영혼을 소생케 할 수 있는 곳을 발견했다면, 그곳이 당신에게 익숙하지 않은 전혀 생소한 곳이라 할지라도 반드시 참가하라. 그러나 기억할 것은 그곳에 가는 것은 기도와 찬양을 함께 나누기 위한 것이지, 자신이나 그들의 교회의 가르침에 대해 말싸움을 하기 위한 것도, 교회를 떠나 그들에게 합류하도록 설득을 당하거나, 다시 세례를 받거나 하는 것 등의 일을 위한 것이 아님을 기억하라. 만일 당신이 강요를 당한다면, 그냥 웃으며 이렇게 말하라. "저는 제가 다니는 교회에 머물도록 부르심을 받았습니다. 그러니 저의 있는 모습 그대로 받아들여주셨으면 합니다."

물론 그대로 그들과 함께 있는 것이 불가능할 때도 있다. 그때는 바로 당신의 영적인 생명이 고통을 겪게 되거나, 아무런 방법이 없고, 아무도 당신의 말을 들으려 하지 않을 수도 있다. 참석한 교회의 가르침이 분명하게 잘못되었거나 마귀적인 것일 때도 있다. 특히 당신의 아이들과 함께 있는데 아이들을 위한 훈련이 마련되어 있지 않고 마련되어 있다고 해도 건전치 못한 것들일 수도 있다. 어느 교회에서는 아이들에게 각자 점치는 판을 주일학교에 들고 오도록 시키는 곳도 있다고 들었다. 그러한 경우라면 당신은 그곳을 떠나야만 한다. 그렇다 할지라도 그곳을 떠날 때 언제, 어떻게 떠날지 매우 주의해야만 한다. 화를 내며 떠나서는 안 되며 사랑과 용서로 해야만 한다. 지금까지의 배경들이나 전통들을 즉시 거부하지 말고, 같은 교단이나 비슷한 교단 중 그 가르침과 리더십에 있어서 만족할 만한 가장 가까운 교회로 가도록 하라. 하나님께서 오늘날의 모든 교회들에게 다가가려고 하신다는 사실을 기억하라. 또한 당신을 통해 하나님께서 당신이 속한 교회에 역사하실 수도 있으니, 지금까지 있던 곳에서 당신이 가진 영향력을 잃지 않도록 주의해야 한다. (만일 당신이 결혼을 했다면, 당연히 당신과 배우자는 이 모든 것들에 대해 의견이 일치되어야만 한다.)

당신은 적은 수의 사람들과 사귐을 가져야만 한다. 각자의 교회에서 영향력을 끼치면서 주님과 행복한 시간을 가지는 성령 안에 자유로운 한 사람을 찾으라. 하지만 자신들의 교회를 떠나 그들만의 방식을 고수하려는 사람들이 모인 모임은 조심해야 한다. 이러한 이들은 쉽사리 방랑하는 선지자가 되거나 이상한 교회에 미혹 될 수 있다.

성경에 능숙해야 한다. 당신은 성경이 당신의 새로운 삶의 방식에서 살아 숨쉬는 것을 발견하게 될 것이다. 하지만 성경 공부에 있어서 분별력이 있어야 한다. 만일 당신이 다니는 교회에서 필요를 채워줄 만큼 충분한 성경 공부 모임을 찾지 못한다면, 라디오의 성경 공부 방송이나 테이프를 사용할 수도 있을 것이다. 불행히도 이러한 가르침들이나 성경 공부 모임들 중에는 성령 세례를 반대하고 있기 때문에 성령의 은사에 대해서는 "이러한 것들은 오늘날을 위한 것이 아닙니다"라고 말하는 것들이 있을 것이다. 만일 당신이 성령은사를 경험했다면 그것이 마귀에게서 온 것이라고 할 것이다. 이러한 가르침은 율법적이고 부정적이어서 당신의 영을 끌어 올리거나 자유케 하지 못하고 오히려, 고뇌와 정죄만을 더해줄 것이다.

편협하게 들릴 것을 무릅쓰고라도 나는 오늘날의 성경공부 선생들이 직접 성령 세례를 받고 그들의 경험을 공개적으로 증언하지 않는다면 그들이 가르치는 일반적인 법을 따르지 말라고 말할 것이다.

기억하라. 성경 공부가 당신에게 영감을 주고 영적인 영양분을 공급해야 하지, 당신에게 머리로 생각만 하게 하거나 교묘한 이론으로 혼란만을 가져다 줘서는 안 된다는 것을 명심하라.

성령 안에서의 삶에 대한 좋은 책들을 읽도록 하라. 또한 좋은 테이프들을 들으라. 좋은 세미나에 참석하라. 다시 한번 말하지만, 가능하면 당신이 출석하던 교회와 믿음의 배경에 머물도록 하라. 그곳이야말로 당신이 가장 영향력을 행사할 수 있는 곳이기 때문이다.

하나님께서 당신을 축복하시기를 바란다

[다시 한번 사람들에게 성령으로 기도할 것을 격려하라. 같은 사람들이 몇 일 후 다시 모여서 기도할 수 있다면 정말 멋진 일일 것이다. 그들과 더 많이 접촉할 수 있으면 더 좋은 결과를 가져올 것이다. 어떤 경우에든, 사람들에게 「성령님과 당신」을 읽도록 권하고 만일 가능하다면 이 책과 추가적인 내용을 사용해서 후속 과정을 진행하도록 하자. 이러한 것들은 사람들이 성령의 은사와 어떻게 그분과 동행할 것인지를 이해하는 데 도움이 될 것이다.]

부록 1

타 종교와 철학(이단)들 목록

고대 이방 종교들
힌두교, 불교, 신도교(일본), 도교, 이슬람(마호메트교, 모슬렘 혹은 무슬림), 조로아스터교

민족 종교들
미국 인디언(병 고치는 마술사), 하와이인(카후나), 에스키모(주술사), 두루이드교(컬트 종교)와 같은 것들.

현대에 부활한 이방종교들
초월명상(힌두교), 블랙 무슬림(엄격히 흑인만의 사회 건설을 주창하는 미국의 흑인 이슬람교 단체, 이슬람), 다양한 형태의 요가(힌두교), 동양 무술들의 특정 면들(불교), 현대에 일어난 선(仙)과 불교의 다른 형태와 힌두교에 대한 관심들. 현대에 민족종교들에 대한 관심들.

신흥 종교들(비교적 근래에 발생한 것들)
몰몬교, 여호와의 증인, 정신 과학을 다루는 종교들[크리스천 사이언스(Christian Science), 정신 과학(Science of Mind), 기독교 연합 학회

(Unity School of Christianity), 종교 과학(Religious Science). 신지학(Theosophy), 접신술(Spiritism 혹은 Spiritualism). 스웨덴버그주의], 바하이, 소카가카이 등이다. [유니테리언주의(Unitarianism:삼위 일체를 배격하는 기독교 일파)와 단일 주의를 혼동하지 말기 바란다. 유니테리언은 오늘날 자신들이 종교가 아니고 인도주의 철학이라고 주장하는 이들이다.]

물론 이외에도 많은 것들이 있다.

부록 2

신비주의 의식들의 목록

유체이탈(ASTRAL PROJECTION : OUT-OF-BODY EXPERIENCE의 한 형태)
육체 이탈의 경험을 하려는 시도들

점성술(ASTROLOGY)
행성이나 태양, 달, 별들이 인간의 운명에 영향을 준다는 믿음. 점성술로 점을 치거나 점성도를 그리는 등의 것들이다. 12궁 표시를 따른다.

무의식 상태에서 글 쓰기(AUTOMATIC WRITING)
영적인 세계로부터 다른 영이 자신을 조정하여 글을 쓰게 함으로 메시지를 받으려고 하는 시도들.

부적(CHARMS)
행운을 준다고 믿는 부적을 사용하는 것을 말한다. 부적 (액막이: Amulets), 호부(Talismans) 등.

투시력, 천리안(CLAIRVOYANCE)
미래를 내다 보는 능력으로 미래의 정보를 얻으려고 하는 노력.

마약류(DRUGS)
대마초나 LSD(환각제)등으로 마음을 다스리려고 하는 것들.

ESP(초능력, 초감각적 지각)
초감각, 초능력을 행하려고 하는 시도들.

점 혹은 예지(FORTUNE-TELLING OR PRECOGNITION)
미래를 알아보려고 하는 노력들. 수정구슬이나, 점치는 카드, 손금 보기, 차 잎 점, 점치는 판, 진자나 그 외 점치는 도구를 사용해서 점을 치는 행위들. 점치는 사람을 찾아가는 것도 포함된다.

마인드 컨트롤(MIND CONTROL)
염동(Telekinesis), 염력(psychokinesis), 물리적인 힘을 초월하는 정신적인 힘을 사용하려는 시도. 마인드 컨트롤로 다른 사람을 조정하려는 시도. 다른 사람의 생각을 물질이나 다른 사람에게 집어 넣으려는 시도.

심령 치료(PSYCHIC HEALING)
예수 그리스도가 아닌 다른 영적인 힘으로 사람을 고친다고 주장하는 사람을 찾는 행동. 영매나 심령 치료사를 통한 치료를 구하는 것들.

윤회(REINCARNATION)
전생에 다른 사람의 몸으로 살았다는 믿음. 최면술 등을 통해 전생이라고 하는 것들을 불러내려고 하는 시도들.

심령주의(SPIRITISM OR SPIRITUALISM)

교령회나 다른 수단으로 육체에서 분리된 영들이나 심령 세계와 접촉을 시도하는 것. 심령술의 테이블 두드리기(Table tapping)나 테이블 기울이기 등(Table tilting). 공중 부양 등.

점 지팡이로 수맥 찾기 혹은 수맥 탐사기
(WATER DIVINING OR WATER WITCHING)

점치는 막대기로 수맥이나 그 외의 것들을 찾으려는 시도들.

마술, 마법, 주술

주문이나, 사술, 마력들을 행하는 것들과 관련된 모든 것들. 초자연적인 힘을 얻기 위해 사탄과 계약을 맺는 것. 사탄 숭배, 마녀의 잔치(Witches' Sabbath). 검은 미사

호기심에서라고 할지라도 만일 이런 신비주의에 관련된 책을 읽었다면 이러한 것들도 제거하고 완전히 없애야만 한다. 직접적으로 신비주의적인 것이 아니라고 해도 포르노와 같은 것들도 신비주의에 길을 열어주는 역할을 할 수 있기 때문에 반드시 끊어버려야만 한다. 무대에서 행해지는 마술도 위험하기는 마찬가지이다. 이러한 것들이 눈속임이라고 알려져 있기는 하지만 마법이나 주술과 같은 것들이 가능하다고 하는 상상을 하게 만들기 때문이다.

성령의 임재를 구하는 기도

1판 1쇄 발행 • 2004. 6. 25
1판 10쇄 발행 • 2012. 6. 29

지은이 • 데니스 베넷
옮긴이 • 박홍래
펴낸이 • 이상준
펴낸곳 • 서로사랑(알파코리아 출판 사역기관)
등록번호 • 제 21-657-1
등록일자 • 1994. 10. 31
주소 • 서울시 서초구 방배동 918-3 완원빌딩 1층
전화 • (02)586-9211~4
팩스 • (02)586-9215
이메일: publication@alphakorea.org
홈페이지: http://www.alphakorea.org
ISBN:89-8471-125-X-03230

* 이 책은 서로사랑이 저작권자와의 계약에 따라 발행한 것이므로
  본사의 허락 없이는 어떠한 형태나 수단으로도 이 책의 내용을 이용하지 못합니다.
* 잘못된 책은 바꿔 드립니다.
* 가격은 뒤표지에 있습니다.